COLECCIÓN POPULAR

10

LAS BUENAS CONCIENCIAS

CARLOS FUENTES

Las buenas
conciencias

FONDO DE CULTURA ECONÓMICA
MÉXICO

Primera edición (Letras Méxicanas),   1959
Segunda edición (Colección Popular), 1959
[Tercera edición (Letras Mexicanas),   1984]
  Vigésima quinta reimpresión,   1998

D. R. © 1959, FONDO DE CULTURA ECONÓMICA
D. R. © 1986, FONDO DE CULTURA ECONÓMICA, S. A. DE C. V.
D. R. © 1996, FONDO DE CULTURA ECONÓMICA
Carretera Picacho-Ajusco 227; 14200 México, D. F.

ISBN 968-16-0321-4

Impreso en México

A
LUIS BUÑUEL,

gran artista de nuestro tiempo,
gran destructor de las conciencias tranquilas,
gran creador de la esperanza humana.

"Los cristianos hablan con Dios; los burgueses hablan de Dios."

S. KIERKEGAARD.

"On s'arrange mieux de sa mauvaise conscience que de sa mauvaise réputation."

EMMANUEL MOUNIER.

Jaime Ceballos no olvidaría esa noche de junio. Recargado contra el muro azul del callejón, veía alejarse a su amigo Juan Manuel. Con él se iban las imágenes de un hombre delatado, de una mujer solitaria, del pobre comerciante gordo que había muerto ayer. Se iban, sobre todo, las palabras que ahora resonaban sin sentido. "Porque no he venido yo a llamar a los justos, sino a los pecadores." Caían con sus sílabas rotas en un pozo de indiferencia y tranquilidad. Se sentía tranquilo. Tenía que sentirse tranquilo. Ahora Jaime Ceballos repetía su nombre en voz baja. Ceballos. ¿Por qué se llamaba así? ¿Quiénes, y para qué, se habían llamado así antes que él? Eran esos fantasmas amarillos, encorsetados, rígidos, que su padre había colgado en las paredes de la alcoba antes de morir. Los Ceballos de Guanajuato. Gente decente. Buenos católicos. Caballeros. No eran fantasmas. Los traía metidos adentro, de buena o mala gana. A los trece años, jugaba todavía en la vieja carroza sin ruedas que la familia conservaba en la caballeriza empolvada. Pero no... primero debía recordarlos tal como se reflejaban desde las paredes de su padre, en los daguerrotipos desteñidos.

Recordaría. Repetiría los nombres, las historias. La casa, húmeda y sombría. Casa de puertas y ventanas que la muerte, el olvido o la simple falta de acontecimientos iban cerrando, una a una. La casa de los escasos momentos de su adolescencia. El hogar donde quiso ser cristiano. La casa y la familia. Guanajuato. Repetiría los nombres, las historias.

Caminó de regreso a la casa de los antepasados.

Había salido la luna, y Guanajuato le devolvía un reflejo violento desde las cúpulas y las rejas y los empedrados. La mansión de cantera de la familia Ceballos abría su gran zaguán verde para recibir a Jaime.

1

ÉSTA ES la gran casa de cantera, habitada hasta el día de hoy por la familia. La historia de Guanajuato ha patinado sus muros de piedra rosa. Las vidas de los Ceballos, sus alcobas y corredores. La gran casa de cantera, situada entre la bajada del Jardín Morelos y el Callejón de San Roque, frente al templo del mismo nombre y a unos metros de la hermosa plazuela a la que dan fama, año con año, las representaciones, en un escenario casi natural de faroles, árboles, rejas, muros ocres y cruces de piedra, de los entremeses de Cervantes.

Es lenta la vida de la casa, y hay algo ruinoso, más que en las viejas paredes, más que en las vigas húmedas, en el aire que durante las noches descansa y acumula el polvo entre los pliegues de las cortinas. Ésta es la casa de los cortinajes: de terciopelo verde detrás de los balcones principales, de brocado antiguo entre las salas, otra vez de terciopelo —rojo, manchado— en las habitaciones matrimoniales, de algodón en las demás. Cuando el alto viento de la montaña gime, estos brazos de tela se levantan y azotan y hacen caer por tierra las mesitas y los adornos cercanos. Se diría que alas espesas abrazan las paredes y se aprestan a levantar la casa en vuelo. Mas el viento se aquieta y el polvo busca otra vez los rincones.

Hay objetos que la luz se empeña en aislar: el gran reloj de la sala, los sables plateados del tío Francisco, el frutero de bronce que brilla siempre en el centro del comedor oscuro. El tablero de campanillas a la entrada de la cocina, y los azulejos de ésta, y sus trastos de cobre y barro. La fuente de cantera del patio, blanca en la noche. El resto de la casa es parda. Las vigas altas, las paredes cubiertas de un papel verdoso, los muebles de madera y seda y mimbre opacos.

Los salones y las recámaras ocupan el segundo piso. Cuando se abre el enorme zaguán de la Bajada, el patio apenas se respira al fondo; a la derecha inmediata sube una escalera palaciega, de piedra, con escudos de la ciudad labrados en los altos muros y un lienzo de la Crucifixión en el descanso. Por aquí se llega al largo salón que en otra época era blanco y alegre, con piso de tezontle, muros enjalbegados y muebles de nogal rubio. El abuelo Pepe Ceballos le dio su cariz actual: los gruesos cortinajes, los candiles y el papel verdoso, el piso de parqué, los sofás de seda marrón y las columnas de lapislázuli. Los cuatro balcones que miran hacia la plaza de San Roque se abren desde este largo salón. Una cortina de brocado lo separa de la sala más pequeña, sin luz, donde la orquesta acostumbraba instalarse en los viejos tiempos. Una puerta de vidrio opaco y diseños florentinos conduce al comedor encerrado y mustio, a cuyas espaldas, y a lo largo de toda el ala, se extiende la cocina. Otra puerta semejante esconde la biblioteca con sillones de cuero renegrido, y de allí es posible pasar al corredor sobre el patio interior, donde fluyen el murmullo del manantial y el verdor de los líquenes. El corredor en escuadra da luz a la biblioteca, a la recámara principal y a la de Jaime. Al fondo se encuentra el baño común, instalado a principios del siglo. Subsisten las llaves de oro, cabezas de león, con las que Pepe Ceballos adornó su tina. Y subsiste el agua ferrosa, color café, que ameniza las abluciones en Guanajuato.

A la entrada de la casa, a la izquierda, está el bodegón repleto de telarañas, baúles, cuadros desechados, muebles cojos, leña, colecciones de mariposas cuyas alas se mezclan con el vidrio pulverizado que las cubría, espejos teñidos, paja, tomos desencuadernados de los folletines leídos por las generaciones pasadas: Paul Féval, Dumas, Ponson du Terrail; máquinas de costura olvidadas. *Tilbury* sin ruedas, carroza negra donde se alberga la polilla, buho relleno de trapos, litografía de Porfirio Díaz enmarcada en plata negruzca, abultada forma del maniquí de antaño. Una altísima claraboya deja pasar, granulada, la luz. Es la vieja caballeriza.

De igual manera que la luz aísla ciertos objetos de la casa, ciertos objetos del bodegón se aíslan en la memoria de Jaime. Recuerda el ejemplar amarillo de *El Siglo XIX*, hallado en el fondo de un baúl, en el que la patria mexicana agradecía a Prim haberse retirado de la aventura imperial de Napoleón III. Recuerda los sables plateados del tío Francisco, cruzados sobre la pared del salón de recepciones. ¡Cuántas veces había jugado Jaime con ellos, simulando combates corsarios, justas caballerescas, fugas mosqueteras! Recuerda la enorme fotografía ovalada y sepia de los abuelos. Y un día encontró, en el baúl, los velos negros que su abuela debió usar en el entierro de Pepe Ceballos.

2

Pertenecían, en palabras del tío Jorge Balcárcel, a una familia guanajuatense de no escasos méritos y de extendido parentesco. Guanajuato es a México lo que Flandes a Europa: el cogollo, la esencia de un estilo, la casticidad exacta. La enumeración de los hombres públicos guanajuatenses sería interminable, pero el número apenas indicaría la profundidad del sentimiento político mexicano en esta región que se precia de ser la cuna de la Independencia. Si a algún Estado de la República habría que acudir para encontrar la raíz de los estilos políticos mexicanos, sería a éste. La malicia de la concepción y la finura de la ejecución llevan un estilo originalmente guanajuatense; nadie, como sus hombres, conoce mejor las tácticas de la legalidad aparente para encubrir la voluntad decisiva; nadie, el valor de los procedimientos formales y de la maniobra de cámara. ¿Por qué, en la dilatada extensión de Nueva España, fueron éstos los lectores —y las infanterías— de Voltaire y de Rousseau? ¿Por qué en nuestra extrema actualidad, se escuchan en los pomposos escalones de su Universidad discusiones sobre Heidegger y Marx? El guanajuatense posee una doble, y muy desarrollada, facultad para aprehender lo teórico y convertirlo en práctica eficaz. No en balde fue Guanajuato cuna de don Lucas Alamán. Y su Universidad antiguo centro jesuita.

Así, el guanajuatense es un mocho calificado. Un mocho laico (como todos los eficaces) capaz de servir a la iglesia más oportuna y que, en su concepto, garantice la mejor administración práctica de la "voluntad general" teórica. Inteligentes, de propósitos internos claros y manera exterior velada, herederos de una tradición que el excesivo centralismo mexicano no ha alcanzado a destruir, los guanajuatenses representan la cima del espíritu del centro de la República. Lo que en los michoacanos es seriedad rayana en lo solemne, en los guanajuatenses se deja atenuar por el sentido de la conveniencia y de la ironía. Lo que en los zacatecanos es exceso de arraigo provinciano lo templan los guanajuatenses con un sentimiento de universalidad: les visitó el barón de Humboldt, les adorna un Teatro Juárez decorado por el escenógrafo de la *Opéra Comique*, les pertenece, apropiada por los hombres de la Independencia, la tradición del siglo de las luces. Lo que en el poblano es hipocresía abierta, en el guanajuatense es insinuación talentosa. Lo que en el capitalino, en fin, es afirmación o reticencia, en el guanajuatense es puro compromiso.

La familia de Ceballos pertenecía, con plenitud, a este singular cogollo del centro mexicano. Si para otras familias locales el nombre clave en la historia del Estado era el del Conde de Casa Rul, o los del intendente Riaño, don Miguel Hidalgo, don Juan Bautista Morales o el padre Montes de Oca, para los Ceballos no había apellido más ilustre —y así lo recordaban diversos retratos distribuidos en las salas del caserón de cantera— que el de Muñoz Ledo. Éste, otrora distinguido gobernador de la entidad, fue el que permitió a la pobre familia de inmigrantes madrileños instalar su tienda de paños cerca del templo de San Diego, allá por el año de 1852. El jefe del hogar, don Higinio Ceballos, había sido oficial de aquel Baldomero Santa Cruz, notable comerciante en paños del Reino en la calle de la Sal, y de él aprendió la máxima de su comercio: el buen paño en el arca se vende. Pegado a su mostrador, se beneficiaba lenta, pero seguramente. No obstante, estos Ceballos, gachupines, y además tenderos, no dejaron de ser mal vistos en aquella época de primicias independientes. No fue el secretario del señor gobernador quien pensó así, ante el primor evidente de la Ceballitos mayor, una matritense de colores subidos, ojos verdes y diecisiete años. Fue, de esta manera, la flamante señora de Lemus, esposa del tal secretario, quien logró que el comercio de su señor padre emigrara de la sombra del callejón de Perros Muertos al sitio principal y asoleado frente al gran templo de San Diego. Pero la familia, hasta hoy, prefiere atribuir su buena fortuna original al gobernador Octaviano Muñoz Ledo, dando con ello acabada muestra de su asimilación guanajuatense: la relación pública por encima de la verdad privada. Bajo tan altos auspicios, los tres jovenzuelos de la casa pudieron prosperar, recibir las lecciones de profesores privados y aprender las cosas que, al lado de la experiencia comercial, convenía saber a los buenos vendedores de paños en trance de encumbramiento social. No todo fue tortas y pan pintado: el paso de Muñoz Ledo por la gubernatura fue sumamente expedito, y aunque su filiación era conservadora, Lemus, el secretario de gobierno, supo dar la voltereta en el aire y caer bien plantado en el campo del liberalismo. Y en 1862, cuando las fuerzas de Prim desembarcaron a cobrar la deuda mexicana, la furia antiespañola, encarnada en grupos de jóvenes que recorrían las estrechas calles de la vieja población gritando "¡Hasta Madrid!", obligó a don Higinio Ceballos a cerrar el comercio y esconderse con toda su familia —familia de crinolina y tirabuzones, de patillas esponjadas y redingotes azules, de clavel entre los senos y leontina sobre el chaleco— en casa de Lemus.

Más que la patria mexicana, los Ceballos, con su aspecto colectivo de lienzo de Cordero, hubieron de agradecer el gesto del general Prim. El comercio prosperó. Las señoras a la caza de la última moda siempre encontraban, en "Ceballos e Hijos", la seda mate, el mantón chinesco o el encaje de Brujas necesarios para el próximo baile de Palacio. Cuando el viejo Higinio Ceballos murió, el mismo día en que Maximiliano pisó tierra veracruzana, su familia se encontraba colocada en las alturas de esta sociedad provinciana.

Había sido adquirida la casa señorial frente a San Roque. Una casa de la Colonia, encalada, tibia en sus tonos de tezontle y nogal. Los cascos de varios pura sangre tronaban sobre las baldosas de la entrada, y en la caballeriza fueron instalándose la carroza negra para las grandes ocasiones, el *tilbury* para los paseos de campo y el coche de dos lugares para los mandados cotidianos. Caballerangos, doncellas, cocineras, maestro de música, mozos y jardineros se desparramaban, con su rumor de botines apretados o pies descalzos, por los corredores del enorme lugar.

La guerra de intervención dividió a los tres hermanos. Pánfilo y José prefirieron seguir obsequiando, bajo la administración imperial, los gustos de las familias locales, pero si aquél —el hijo mayor de don Higinio— se adhirió sin reservas al Imperio, éste, en voz baja, profesaba las ideas liberales que, en primer lugar, habían sido el motivo de la emigración de don Higinio. Sólo Francisco decidió unirse a la lucha liberal: militó en las filas del general Mariano Escobedo y, al cabo, fue capturado y mandado fusilar por el temible Dupin en un llano de Jalisco.

Presidía el hogar la viuda de don Higinio. Margarita Machado era una cordobesa inteligente, alegre y desprevenida que sabía conducir sin esfuerzo (más bien con la apariencia de desorden) los menesteres caseros cuya acabada perfección parecía aún más sorprendente en virtud del desparpajo que la señora imprimía a todas sus actividades. Doña Margarita tomaba las cosas como venían, y en ella era bien cierta la tan estereotipada sinonimia entre la abundancia de carnes y la jovialidad. Las otras señoras de Guanajuato, tan simples, pero más solemnes, tenían siempre ocasión de admirarla; ella estaba al tanto de lo que sucedía en los grandes centros de la moda, recibía las primeras y asombrosas revistas ilustradas de París y Londres, y era la primera en lanzarse a las calles con este polisón o aquella sombrilla tornasolada. Era inteligente, graciosamente inteligente. Guardaba las apariencias sin regocijarse o entristecerse demasiado con los eventos, alegres o dolorosos, de la vida cotidiana. Esto significa, en los extremos, que era incapaz de jactarse o de solicitar compasión. Por eso, al poco tiempo de la muerte de don Higinio, se la vio correr de nuevo, estrenando una novedosa tela de Escocia, por los mercados populares. Pepenaba ejotes, flor de calabaza y hierbas de olor, con su criada a la zaga. Si no con la palabra, mediante el ejemplo quería dar la señora su lección de sencilla honradez humana a los hijos José y Pánfilo. Pensaba en sí misma como una "indiana".

—¡Quién me iba a decir —decía a sus hijos— cuando Higinio medía telas en calle de la Sal, que en América llegaríamos a ser tan principales! A veces me asusto. No lo olviden: si somos algo, lo debemos al trabajo honrado. No somos aristócratas, sino una familia liberal y modesta. ¡Virgen Santísima! A veces me dan ganas de que los Santa Cruz nos viesen ahora.

La madre y los hijos reían mucho con esta broma; pero si Pánfilo aplicaba al pie de la letra las palabras de doña Margarita, Pepe sí sentía el orgullo de la rápida riqueza americana.

Pánfilo era el más trabajador, pero el otro el más despierto. Pánfilo abría la tienda a las siete de la mañana y ya no se apartaba —"el buen paño en el arca se vende"— del mostrador sino el tiempo necesario para caminar a la casa, almorzar con la familia y regresar, apresurado, al oloroso depósito de percales, lanas, sedas. Pepe, en cambio, pasaba largas noches de tertulia que aprovechaba para averiguar las necesidades de vestuario de las damas y caballeros presentes: al día siguiente les haría llegar la muestra o el corte. Nunca se presentaba en la tienda antes de las diez y siempre faltaba —más tertulia, paseos a las presas de la Olla y San Renovato, juegos de naipes— en las tardes. A menudo, viajaba a México. Había perdido el acento madrileño de su infancia. Pánfilo, con su habla de dientes cerrados, lo conservaba tenazmente. Pepe era rubio, ligero, de ojos azules; Pánfilo, de cejas pobladas, andar pesado. Éste no se permitía un pensamiento ajeno al comercio de telas. Aquél esperaba la oportunidad de participar en otro tipo de vida. Pánfilo murió soltero. José, en 1873, casó con una señorita Guillermina Montañez. Ese mismo año, el gobernador Florencio Antillón ordenó la construcción del Teatro Juárez. El bigote y la piocha, las lustrosas botas federicas del señor gobernador, el pantalón blanco y la casaca azul con grandes solapas bordadas de oro, el sombrero emplumado, lucieron como nunca en la boda Montañez-Ceballos.

Beata, severa, sin un rasgo de humor, Guillermina fue aceptada, mas no querida, por la viuda Margarita. "Ave María, que esta casa se va a quedar sin salero." A veces, doña Margarita, como para picarla, hablaba de las muchachas graciosas, dicharacheras, bailarinas, de Andalucía. Sus palabras pasaban como espumarajos mediterráneos sobre la austeridad inconmovible de la nuera. El pardo altiplano triunfaba sobre la huerta meridional. Los Ceballos se hacían mexicanos: desde que Guillermina entró al cuadro, éste comenzó a parecerse a alguno de Hermenegildo Bustos. Fuera flores y escotes; adentro tez apiñonada, cuellos altos, colores solemnes. Guillermina Montañez era hija de una vieja familia de fortunas fundadas en la minería. Estas actividades, como es sabido, se contrajeron desastrosamente a partir de las guerras de Independencia, pero la disminución de la fortuna sólo aumentó el orgullo de Guillermina y su gente: la clase media, para sentirse aristócrata, requiere de la nostalgia. Este sentimiento de su mujer hizo que al poco tiempo Pepe se incomodase todavía más con el comercio de telas y decidiese picar alto. La revuelta de Tuxtepec y el ascenso de Porfirio Díaz al poder decidieron su destino. Con el soldado oaxaqueño llegaron a la administración central parientes de los Montañez y amigos de los Ceballos —gente nueva con la cual sustituir a la de Lerdo de Tejada—, y Pepe multiplicó los viajes a México. De ellos, sacó una cosa en claro. La minería iba a resurgir. Díaz la ayudaría con transportes multiplicados y baratos. Importaría del extranjero los procedimientos perfeccionados de fundición y refinamiento de metales de baja ley. Aumentaría la demanda de metales industriales. Pepe convenció a Guillermina —no sin dificultades, pues ella prefería la nostalgia a un nuevo apogeo— de que debían vender algunas viejas minas de oro para explotar nuevas de mercurio, plomo y estaño. Se combinó con una empresa británica y, hacia 1890, recibía fuertes ingresos anuales de la explotación. No terminó allí el rápido encumbramiento económico de Pepe Ceballos. La Ley de Baldíos de 1894 le permitió adquirir ilegalmente, pero con la aquiescencia de las autoridades porfiristas, la extensión de 48 000 hectáreas en una zona colindante con el Estado de Michoacán. En esta entidad compró Pepe 30 000 hectáreas más, uniendo la producción subtropical a la de trigo, frijol y alfalfa del fundo guanajuatense.

En 1903, cuando el Presidente Díaz pasó bajo los capiteles de bronce y las estatuas de las musas para inaugurar el Teatro Juárez, la familia Ceballos ocupó uno de los principales palcos. Lo presidía un Pepe rubicundo, barrigón, adornado con barbas canosas recortadas al estilo del emperador de Austria-Hungría. Lo rodeaban Guillerma, tiesa y altiva; la siempre cordial, aunque ya octogenaria, doña Margarita; la sumisión rencorosa del pañero, Pánfilo; las atenciones obsequiosas de los Lemus —convertidos en parientes pobres después de la derrota del lerdismo— y la algarabía de quienes, por primera vez, se desvelaban: Rodolfo y Asunción, los dos hijos del matrimonio pudiente. Puede decirse que aquella ocasión señaló el apogeo de José Ceballos. En el segundo intermedio de *Aída,* el gobernador Obregón González le hizo una seña para que pasase a conversar con don Porfirio en el palco presidencial. Durante el último acto, buena parte del público dividió la atención entre los adoloridos cantos de la pareja etíope-egipcia enterrada en vida y los discretos murmullos de la pareja político-social en el palco de honor.

—Su presencia nos honra. Ésta será una noche inolvidable —había dicho Pepe.

—Guanajuato es un bastión del progreso de México —había respondido don Porfirio.

—Verá usted mañana qué bonitas fiestas. El ayuntamiento se ha lucido —había continuado Pepe, para quien las frases generales no eran comprensibles.

—Está bien, está bien —había comentado don Porfirio—. Debe de haber de todo. La paz nos ha costado tanto trabajo, que todos los mexicanos tenemos derecho a distraernos de vez en cuando.

—La paz sólo es obra de usted, señor Presidente —había concluido Pepe.

No hubo, después de esta especie de consagración, grandes sucesos en la vida de la familia. Doña Margarita murió en 1905, el año de la gran inundación. Pánfilo se mudó de la casa familiar a los altos del comercio. El pobre, tan trabajador, no supo prever, sin la ayuda de la madre, los cambios de la moda. El paso del polisón a la falda estrecha, de las telas oscuras a las de fantasía, no fue percibido por el viejo pañero. Por algo, antes de expirar, la anciana le había advertido. "Fíjate bien en la ropa que usa el rey Eduardo VII." Pánfilo no supo entender estas últimas palabras, y su comercio se transformó pronto en un expendio de telas solemnes que la gente sólo compraba en previsión de alguna ceremonia oficial o fúnebre. No sin cierta reflexión irónica, se percató de que sus antiguos clientes acudían ahora a la tienda que, en la contraesquina, había instalado otro comerciante español, recién llegado a Guanajuato, y nombrado don José Luis Régules.

La casona de la bajada del Jardín de Morelos era a menudo escenario de grandes fiestas. Pepe Ceballos, buen hijo de su madre, amaba el bullicio, el descorche de botellas, el rumor de violines y faldas de tafeta. Guillermina prestaba el contrapunto de dignidad exagerada a estas reuniones, que durante aquellos años fueron las más comentadas de Guanajuato. Las familias decentes de la ciudad, las de la administración oficial, la minería y el gran comercio, y las que empezaban a enriquecerse en las industrias del algodón y la harina, de la lana y el cuero, se daban cita en la casa de cantera. En el largo salón del segundo piso, donde el estilo antañón del lugar había sido sustituido, a la vuelta del siglo, por decorados franceses, un cuarteto tocaba los valses de Johann Strauss, Juventino Rosas y Ricardo Castro, corrían los mozos con bandejas y hasta se suscitaban discusiones políticas. Se formaban, por lo general, dos grupos: el de los funcionarios, comerciantes y mineros, mayoritario, que aplaudía la política de Díaz en todos los órdenes, y el de los nuevos industriales, que pedía ciertos cambios, mayor libertad, gente nueva alrededor del Presidente que uno y otro respetaban y consideraban indispensable. El paso del nuevo comerciante don José Luis Régules por estos saraos fue muy rápido: bastó con que, guiñando sus ojillos acerados, insinuara la necesidad de fomentar la pequeña propiedad y acabar con los latifundios, para que las puertas festivas, si no las necesariamente comerciales, se le cerraran. También se celebraban, de tarde en tarde, fiestas infantiles para los dos niños de la casa. Rodolfo, el mayor, debía ser, con el tiempo, abogado. Pepe ya había solicitado, con seguridad anticipada, su inscripción en la escuela católica de jurisprudencia para el año de 1912. Doña Guillermina esperaba casar a Asunción, la muchacha, apenas cumpliera dieciocho años, y para ello, con anticipación semejante a la de su marido, cultivaba al chico Balcárcel del Moral, heredero de otra rica familia de la ciudad.

Una noche del año de 1910, le mandaron avisar a Guillermina que su marido —tan colorado, tan sanote— había caído con una terrible fiebre en un pueblo cercano a León. Llevaba tres días recorriendo las tierras a caballo, y en una de esas ocasiones la noche y la lluvia se le vinieron encima. Pepe Ceballos se estaba muriendo de pulmonía, y deliraba tanto que no era posible pensar en trasladarlo de la sucia casa de adobes en la que se encontraba. Hacia allá salió la tiesa señora, sólo para encontrarse con las fogatas muertas de los peones, el relincho mañanero de los caballos y el cadáver de Pepe. Por lo visto, los patriarcas de la familia Ceballos acostumbraban morir en fechas históricas: aquél era un día de la tercera semana de noviembre, y poco después se supo en toda la región que el mismo día había sido asesinado, en Puebla, Aquiles Serdán.

Apenas se disolvió el cortejo, encabezado por Guillermina y los dos hijos vestidos de negro, Pánfilo se acercó a la viuda para decirle que contara con él como el hombre de la familia. Guillermina se detuvo a la salida del Panteón Municipal, frente al apretado panorama, negro, morado, verde, de montañas, iglesias y cañadas. Pensó, antes de abordar la carroza negra, que con los consejos del pañero en decadencia no iría muy lejos. Sólo al ingenio propio podía acudir para resolver los problemas administrativos que la muerte de Pepe planteaba. Se sintió aliviada, también. El golpe la restituía, en cierta medida, al viejo estado de nostalgia que era su preferido. Tomó las manos de Rodolfo y Asunción y descendió en el carruaje al centro de la ciudad. Fueron varias sus decisiones: vender las minas al buen precio que le ofrecieron los socios ingleses de Pepe, confiar las tierras a un administrador, casar a la niña a los quince años y preparar a Rodolfo para que, oportunamente, tomase el puesto del padre al frente de la hacienda. Suspiró: se desentendía de esas minas en cuya explotación sudorosa, tiránica, a menudo criminal, se fundaba la primera fortuna de aquellos hombres de horca y cuchillo, modales toscos y látigo presto, sus antepasados; Guillermina se limitaba al estado hacendario, al noble producto del ascenso. Era como subir del lodo a la acera. Suspendió el proyecto de estudios jurídicos de Rodolfo: con ser hacendado bastaba. Pero si los sucesos desencadenados de la Revolución le eran incomprensibles, más le resultaba el carácter de su hijo. Diríase que doña Margarita, la andaluza, había resucitado para incorporarse, de manera acentuada y desfavorable, al aspecto físico y moral del nieto. Nadie más despreocupado que este Rodolfo, Fito, Ceballos; nadie menos apto para encargarse de la disciplina y el orden de una hacienda.

—¿Y la Revolución? —preguntaba Jaime cuando, hacia los nueve años, se enteró de aquel movimiento.

—Al principio no asustó a mamá —le respondía su padre, Rodolfo, mientras consultaba con la mirada a Asunción.

—No —continuaba la tía Asunción—. Al principio, no.

—Pero ¿te acuerdas? —interrumpió Rodolfo— cuando Guanajuato comenzó a llenarse de familias de otros Estados? Todas venían a refugiarse.

—Fue por el año de 1914 —decía Asunción—. La guerra carrancista había hecho cosas pavorosas. Muchos amigos nuestros de Coahuila, San Luis y Chihuahua vinieron a refugiarse. Había sido un desastre económico y, sobre todo, moral.

—Pero mamá se alegraba tanto de la animación social con tantas gentes aquí, ¿verdad?

—Sí. Vinieron parientes, socios muy viejos de mi papá, amigos y también amigos de nuestros amigos. Todos se hospedaron en las mejores casas y con ese motivo se daban bailes. Todos iban a las festividades religiosas. Fue muy bonito.

—¿Te acuerdas? A veces una familia de otro Estado contaba la violencia y el saqueo. Entonces mamá decía que ésta no era la primera revolución. Decía que Guanajuato siempre había sido el Estado más rico de México y que nadie se atrevería a tocarlo.

—El cofre y el granero de la República, decía siempre papá. Pero no fue así. Una gavilla de revolucionarios se apoderó al año siguiente de nuestras tierras. Bueno, tú estabas allí, Fito.

—Los comandantes vaciaron los graneros. Le informé a mamá que las cuentas andaban muy malas. Creo que entonces se asustó por primera vez.

—Faltaba lo peor. Al año siguiente sí que cundió la desesperación. El asesino Villa llegó a Guanajuato.

—Figúrate, hijo, todos le temíamos, y con razón. Era un antiguo peón, un hombre vengativo y sanguinario. Y de repente desciende con nueve mil hombres aquí, al Bajío. Fue cuando los carranclanes ocuparon Guanajuato, y los generales Dusart y... ¿cómo se llamaba el otro?

—Carrera.

—... y Carrera instalaron el cuartel general aquí mismo, en nuestra casa. Es cuando tú y tu marido huyeron de Guanajuato. Asunción, ¿te acuerdas?

—Estábamos recién casados. Era muy peligroso. Mi mamá nos dio permiso.

—Podían haberle dicho que los acompañara.

—¿Arrancar a mamá de aquí, de su casa? ¡Qué esperanzas! Y, además, éramos jóvenes. Teníamos derecho a ver algo más que esta matanza, Fito. Queríamos ambientes nuevos, no sé...

—Sí. Mamá y el tío Pánfilo se escondieron en la recámara principal. La casa estaba llena de tropas y caballos. Yo me había quedado en el casco de la hacienda. El tío Pánfilo tenía cerrada la tienda para no recibir bilimbiques. Entonces llegó el general Obregón y obligó al comercio a abrir las puertas y a rechazar el papel moneda de Villa. También obligó a aumentar los jornales. El tío Pánfilo creyó que iba a quebrar. Mamá escondió los pesos oro debajo del piso de la recámara. Pero de repente nada de esto pareció importante. Todos se murieron del susto cuando los carranclanes abandonaron la ciudad. Figúrate, tu abuelita y tío Pánfilo se encerraron a piedra y lodo y colocaron los colchones contra las ventanas. Es que el general Natera iba a entrar al frente de las tropas villistas. Después los dos contendientes abandonaron la ciudad para concentrarse en Celaya, y Guanajuato quedó en manos del bandido Palomo y el populacho. Había balaceras y saqueos a todas horas. Era como el fin del mundo. No entendíamos qué había pasado, cómo se había acabado aquella época de paz. No entendíamos; ¿verdad, Asunción?

Pero doña Guillermina no perdió totalmente la cabeza. Dispuso que treinta hombres armados vigilasen los cascos de la hacienda, encargó al capataz los trabajos y relevó a Rodolfo de la administración. Su actividad religiosa se multiplicó. La solemne señora no dejaba de asistir a una sola procesión en favor de la paz; en todas las iglesias prendía velas en favor de la paz; en su recámara lloraba en favor de la paz; en los ejercicios entonaba el "Salve Regina" en favor de la paz. La situación alimentaba, sin reservas, su eterna hambre de nostalgia. En público, se entristecía de que el gobernador hubiese prohibido que se tocasen las campanas durante las fiestas de la Santísima Virgen; en privado, se regocijaba recordando cómo doblaban en otras épocas. Se lamentaba abiertamente de la expulsión de las Hermanas del Buen Pastor; saboreaba íntimamente la memoria de la caridad con que los Ceballos habían colmado a las monjas. Se escandalizaba de que ese fascineroso de Siurob se hubiese atrevido a retirar del Palacio de Gobierno los retratos del Presidente Díaz y del Gobernador Obregón González; ¡pero cómo le deleitaba el recuerdo de don Porfirio con Pepe en la ópera, el de don Joaquín atestiguando la boda de Asunción!

Bajo el gobierno de Siurob, las cosas se fueron tranquilizando. Sin sentirlo casi, Rodolfo Ceballos dio en concurrir todos los días al viejo comercio frente a San Diego, que el tío Pánfilo apenas atendía ya. El anciano fruncido y de ceceo incomprensible, que iba a cumplir los ochenta años, le dejó hacer, y Rodolfo encontró su verdadero y atávico camino en la vida, que era el de atender, con bonhomía, detrás de un mostrador.

Quedaban muy pocos criados en la casa en 1917, cuando murió el viejo Pánfilo. Casi todas las recámaras estaban clausuradas en 1920, cuando murió Guillermina. Asunción y su marido, Jorge Balcárcel del Moral, vivían en Inglaterra. Rodolfo quedó solo, y cerró más puertas. La nueva Ley de Ejidos provocó la repartición de buena parte de las 78 000 hectáreas que Pepe Ceballos había adquirido por bicoca. Rodolfo no tenía ganas de pelear, y se cruzó de brazos. Con el comercio de San Diego y los pesos oro heredados de su madre, el último Ceballos la iba pasando bien. Su propensión a la obesidad, heredada de la abuela, se acentuó más con la vida sedentaria, y a los veintinueve años el joven era un hombre rotundo, risueño y dormilón que hacía amigos con todos menos con los vástagos de las viejas familias que habían concurrido a las fiestas del caserón de cantera. Estas personas le fastidiaban; todo era hablarle de tiempos pasados, de bodas célebres, de lo emprendedor que había sido don Pepe Ceballos. Todos habían sufrido con la Revolución; todos añoraban; muchos se habían ido a vivir a México. Rodolfo prefería conversar del precio del algodón, de las magníficas sardinas portuguesas que estaba corriendo don Chepepón López y de algunas memorables partidas de dominó con otros comerciantes en la cantina del Jardín de la Unión. A las seis de la tarde, cerraba su tienda y se iba a ese lugar. Al poco tiempo —sin frenos familiares, único habitante de la mansión— empezó a invitar a sus deslumbrados contertulios a la casona de cantera. No cabe hacer conjeturas acerca de lo que doña Guillermina hubiese dicho al contemplar, en su salón afrancesado, esta reunión de hombres en mangas de camisa. Fumaban puros. Bebían cerveza. Relataban los precios del mercado. Proclamaban la ahorcadura de la mula de cincos. Pero gracias a uno de ellos —el tal Chepepón López, proveedor de vinos y conservas— conoció Rodolfo a la que había de ser su mujer y madre de su hijo. Adelina López, a más de sencilla, era espigada y modosa, muy amiga de asistir a novenarios, de comulgar los viernes primeros y de encerrarse durante los ejercicios cuaresmales. Rodolfo ya la había visto en diversas ocasiones, durante la serenata que, tres veces por semana, tenía lugar en el Jardín de la Unión. Los hombres caminaban en una dirección y las mujeres en la opuesta. Pero Rodolfo, con su disposición linfática, permanecía sentado en una banca, viendo pasar, con un palillo de dientes entre los labios. La muchacha, en realidad, ni le gustaba ni le desagradaba. Entre sus horas de trabajo, la tertulia con los amigos y una ocasional visita al burdel, el joven comerciante vivía muy contento. De no haber sido por el interés que el Chepepón tenía en ver a su hijita instalada en la insigne casa de la bajada del Jardín Morelos, Jaime Ceballos nunca hubiese nacido. Primero, la niña López comenzó a aparecerse más a menudo en la tienda, y Rodolfo, a quien le encantaba el palique, se dejaba pescar en ponderosas conversaciones acerca de la santidad del hogar y la formación cristiana de las buenas madres de familia. Después, el joven regordete fue invitado a excursiones con gente de medio pelo: la Valenciana, los escondrijos de Ciudad Marfil: Adelina murmuraba algún rechazo alarmado, luego se dejaba tocar por el joven torpe y nervioso. Cuando, al fin, los amigos los vieron entrar juntos a la Iglesia de la Compañía, un viernes primero, todos aseguraron que don Chepepón había ganado la batalla.

Hubo sus contratiempos. El futuro contrayente le escribió a su hermana Asunción Balcárcel, y ésta contestó que no sabía quiénes eran los López de Guanajuato; pero que su marido estaba enterado de que el tal Chepepón era de origen muy dudoso. Como esta advertencia no surtiera efecto, Asunción volvió a escribir indicando que la hija de un don nadie no iba a dormir en la cama de su madre. Lo cierto es que el ansioso suegro Chepepón López había sido, en sus mocedades, simple aprendiz en el comercio de telas de aquel don José Luis Régules que tan ruinosa competencia le había hecho al tío Pánfilo. El joven Chepepón tuvo una hija natural, que legitimó, y que era la misma Adelina que ahora iba a ultrajar la camota de caoba de Margarita Machado y Guillermina Montañez. "Pero si nuestro abuelo Higinio también empezó de aprendiz de comercio", se decía Rodolfo. En diciembre de 1926, los jóvenes se casaron y en la mansión de cantera retumbaron las risas de los buenos compañeros de dominó. Rodolfo se mostraba muy contento con su declaración de independencia, pero volvió a sentir el peso de la tradición familiar —la rectitud del abuelo Higinio, el heroísmo del tío Francisco, la honradez del tío Pánfilo, la dignidad de Guillermina, la actividad de Pepe Ceballos— cuando, al año siguiente, los Balcárcel se trasladaron a Guanajuato y exigieron que la joven pareja desalojara la casa ancestral. Jorge Balcárcel del Moral había sido enviado por el Presidente Calles a realizar un detenido estudio económico de la entidad. Su situación reclamaba la mayor prestancia social. Balcárcel, que a los veinte años había huido despavorido al escuchar los cascos de la caballería revolucionaria, se recibió más tarde, en la London School of Economics. A los veintinueve años había regresado a México nimbado por estos novedosos prestigios. Cuando el general Calles procedió a reorganizar la vida financiera del país, echó mano del joven preparado. Ahora, con sus pantalones de tubo y su gorra de cuadros escoceses, el novel economista solicitaba del gordo comerciante que le cediese el techo.

—Decididamente, la naturaleza de sus obligaciones le permite vivir en los altos del comercio, como el tío Pánfilo. Las mías exigen la casa grande. Había hablado Balcárcel, y desde ese momento su voz sería la de la autoridad.

—No, señor —se había atrevido a contestarle Adelina—. Lo que usted no sabe es que Fito y yo nos hemos relacionado con lo mejor de Guanajuato. Aquí se recibe igual que en tiempos de Guillermina, sí señor.

¿Cómo había transcurrido ese primer año de matrimonio entre Adelina y Rodolfo? Acaso el joven, al tomar estado, decidió que sus obligaciones consistían en mantener, dentro de lo posible, la consabida apariencia de un Ceballos. Algún cambio moral debía suponer el matrimonio: el único probable, en el caso de Rodolfo Ceballos, era pasar de la existencia simpática, despreocupada, guanga, que hasta entonces había conducido, a una vida —¿cómo lo diría él mismo?— más seria, más asentada. Nunca habían tenido fe en él. No había podido hacer la carrera de leyes. Su madre lo destituyó de la administración de las tierras. Ahora demostraría que podía ser tan excelente jefe de familia como su padre. La transformación no había de costarle demasiado trabajo: si Rodolfo era nieto de Margarita la jocunda, también era hijo de Guillermina la tiesa. La verdad es que Adelina López puso cuanto estuvo de su parte para estimularlo en esta dirección. La actitud de la mujer era suicida: si su interés estribaba en que, para encumbrarla, Rodolfo se condujera con el mayor rigor social, en este desarrollo habría de destacar, con el tiempo, la propia vulgaridad de Adelina. La mujer no se dio cuenta de que sus posibilidades de felicidad radicaban, precisamente, en que Rodolfo continuase por su senda de bonhomía desaliñada. Hubiese sido la mujer ideal de un jugador de dominó. Fue Adelina quien obligó a Rodolfo a cerrar las puertas de la casa a los antiguos compañeros de dominó. Adelina quien limitó a un almuerzo dominical la estridente presencia de don Chepepón. Adelina quien orilló a su marido a abrir de nuevo el largo salón afrancesado, y ella quien formuló las listas de invitados selectos. Ella, quien clamó para que Rodolfo tomase un dependiente de almacén y se escondiese en la improvisada oficina de los altos. Ella, en fin, quien suprimió la eterna sonrisa de los labios del comerciante. Pero también, al exhibirse en la forzada tertulia de los sábados ante las viejas familias, Adelina había permitido al marido comparar costumbres. No porque las de los invitados fuesen ejemplares, sino porque Adelina siempre resultaba en un escaño más bajo que el de la estricta mediocridad provinciana. Todas las voces eran apresuradas; la de Adelina, chillona. Todos eran hipócritas; Adelina sobreactuaba. Todos eran beatos; Adelina, con mal gusto. Y todos poseían el mínimo de conocimiento de los valores entendidos; a ella le faltaba. Abundaron las opiniones: cursilería, ausencia de tacto, mala educación social. Y Rodolfo, dispuesto a asumir de nuevo su tradición, hubo de aceptar las censuras. A medida que los propósitos de la esposa se realizaban, el afecto del marido se iba enfriando. Empezaron los altercados, los dimes y diretes, los lloriqueos.

Ésta era la situación cuando se presentaron en Guanajuato los Balcárcel, y Rodolfo se encontró entre la espada de su independencia amenazada y la pared de su distanciamiento de Adelina. Rogó a su hermana que los dos matrimonios conviviesen durante unas cuantas semanas. La mujer de Balcárcel, apenas se olió lo que sucedía en esa casa, decidió hacerlo. De allí en adelante, todo fue encontrar defectos en la conducta de Adelina, cucarachas en la despensa, polvo en las repisas, y suspirar por los tiempos en que doña Guillermina regenteaba el hogar.

—Anda, queridita, si de veras quieres quedar bien con nuestras amistades, déjame ordenar a mí la cena. Ya sabes que de ti todos se burlan. Es que hay cosas que se maman, ¿verdad?

A las dos semanas, la abrumada hija de don Chepepón declaró que se iría a pasar una temporadita con su padre, y nadie la detuvo. Cuando, al mes, el proveedor de ultramarinos se presentó en la tienda de San Diego para informarle a Rodolfo que Adelina esperaba un hijo, el marido sintió remordimientos y quiso enfrentarse a Asunción. La hermana, en el acto, le hizo ver que lo cuerdo era traer a la criatura, cuando naciese, a la casa y al ambiente que le correspondían; que lo conveniente era anular un matrimonio tan contrario a la razón, separarse de esa mujer vulgar y tomar una esposa digna de su nombre y de su educación. Varias noches de malestar pasó el buen Rodolfo cavilando sobre las contradicciones de su situación. En ciertos momentos, era el joven rubicundo y despreocupado; en otros, el señor que optó por volverse serio. Su corazón se inflamaba de piedad; después se decía que su hermana estaba en lo justo; luego pensaba en el parto solitario; más tarde recordaba, con desagrado, el mal cuidado de la casa, el amor a las puras apariencias. Total, que entre duda y duda era Asunción la que actuaba y Asunción la que presentó a su hermano, un buen día, el niño rubio y colorado como el abuelo. El comerciante ya no se atrevió a preguntar por la madre, y al bautizo sólo asistieron Rodolfo y los padrinos Balcárcel. El niño pronto aprendió a llamar "mamá" a Asunción.

3

AL NIVEL del patio se encuentran los cuartos de servicio. Una escalera de caracol, a la intemperie, cruje prendida a un muro: por allí se sube a la azotea y a la recámara de Rodolfo Ceballos. Cuando los Balcárcel ocuparon la casa, Rodolfo les ofreció la alcoba matrimonial y se pasó a la contigua. Pero Asunción le indicó que deseaba tener al niño cerca, y que las costumbres de solterón se avenían mejor con la pieza alejada. Rodolfo regresaría a la cantina del Jardín de la Unión, al prostíbulo sabatino, a la cerveza dominical. Los ruidosos escaños de fierro daban aviso, todas las noches, de su lenta subida. Pero sentía su esfuerzo recompensado: ¡cómo brillaba de noche el panorama sereno de Guanajuato, qué luces olvidadas surgían del caserío de colores, de las montañas, de las fogatas campesinas! El hombre gordo jadeaba; a veces sentía miedo de resbalar y caer. Pronto se acostumbró, sin embargo, a este desplazamiento fuera del centro de gravedad doméstico. La ubicación de su recámara le evitaba la conversación con las visitas que volvían a acudir a la tertulia de doña Asunción.

Con la señora Balcárcel, la vieja casa familiar había recobrado el ritmo de los tiempos de doña Guillermina. Desayuno a las ocho, comida a la una y media, cena a las nueve. Misa y quehaceres domésticos en la mañana, visitas y rosarios en las tardes, círculo de costura los jueves. Balcárcel tomó rápidamente las riendas del hogar, y Rodolfo pasó a un segundo término. Una de las grandes confusiones del niño era saber cómo dirigirse a uno y a otro. ¿Por qué el esposo de su mamá era su tío y su papá dormía en otra parte de la casa? ¿A quién debía obedecer más: al señor elegante, autoritario, o al señor gordo, complaciente?

El tío Balcárcel, a medida que preparaba su famoso estudio económico, se relacionaba con los políticos guanajuatenses y los asombraba con la exposición de las doctrinas económicas inglesas. Si en 1915 la Revolución armada le había llenado de pavor, en 1929 la Revolución oficial encontraba en él un complacido exégeta. "Construir" era la palabra revolucionaria, y Calles su ejecutor. Hubiese llamado la atención —de no constituir un hecho que, de tan generalizado, alcanzaba la categoría de la complicidad— el contraste entre la actitud rabiosamente anticlerical de Balcárcel en la calle y su piedad doméstica. Las virtudes de Asunción, en este punto, superaban las de todos sus ancestros. Ella fue la primera en mandarse arreglar un oratorio privado, durante los años de la persecución religiosa, y era cosa de asombro escuchar un día al licenciado Balcárcel despotricar en pleno Jardín de la Unión contra la conspiración de los curas, y ver, al siguiente, a doña Asunción metiendo imágenes de la Purísima a la gran casa de cantera. Lo cierto es que el señor Balcárcel nunca dejaba de asistir a los rosarios que todas las tardes, y de acuerdo con la costumbre implantada por Guillermina Ceballos, celebraba su esposa. La heredera de tantas virtudes cristianas recordaba, con horror, que su abuelita, la andaluza Machado, se reía mucho de estas ceremonias y decía que a Dios se le honraba por dentro, no por fuera. ¡Estaba tan chocha la pobre! La contradicción entre las actitudes pública y privada de su marido, por lo contrario, nunca alarmó a Asunción. Aquí se trataba —y ella lo comprendía— de una cuestión política, de hombres, en la que las mujeres no tenían por qué meterse. Más allá de esta justificación, también sabía que la correcta posición política había definido siempre la bonanza económica de la familia, y ella no era tan torpe como para sacrificar el bienestar del más acá por el del más allá, sobre todo cuando podían asegurarse ambos. ¿No debían los Ceballos su fortuna y posición a la buena voluntad de los gobernadores Muñoz Ledo y Antillón? ¿No habían incrementado una y afirmado otra, merced a la del general Díaz? ¿Por qué, ahora, habían de enajenarse la del general Calles? O la del general Cárdenas, cuando demostró que no sería un pelele. O, por fin, la del general Ávila Camacho, durante cuya presidencia Jorge Balcárcel se permitió el lujo de sincronizar sus creencias privadas con sus declaraciones públicas. "Siempre dije —explicaría entonces— que las Revoluciones, como los vinos, se suavizan con el tiempo. Decididamente hemos superado la etapa de los excesos." De esta manera, y gracias a esta filosofía, el tío pudo ser, sucesivamente, diputado local, director de banco y, a partir de 1942, próspero prestamista.

Antes, la casa poseía una veintena de alcobas, pero Balcárcel condenó las puertas que conducían al ala derecha, le abrió una estrecha entrada por el callejón de San Roque y puso en arrendamiento los cuartos. Con ello inició la carrera de rentista que, al lado de la actividad política y de los préstamos, había de ser la fuente principal de su fortuna provinciana.

Pues la familia de Balcárcel se había comido su riqueza —relativa riqueza, medida por el tiempo: 1910, y el lugar: la provincia mexicana— para sostener con decoro la emigración y los estudios del hijo único. Muchas toneladas de mineral se convirtieron en boletos de vapor, alquileres londinenses, ropa y libros de economía para Jorge Balcárcel y su joven esposa, Asunción Ceballos. La venta apresurada no aseguró a las tierras de la familia el mejor precio. Cuando Balcárcel regresó a Guanajuato, lo hizo no sólo honrado por el encargo del presidente Calles, sino impulsado por otro acicate. Sospechaba que en cualquier gran ciudad corría el peligro de contentarse —desconocido— con ser un aristócrata arruinado. En cambio, en Guanajuato su nombre le obligaría a olvidar pasadas glorias y a trabajar para hacerse, nuevamente, de la fortuna y posición que la parroquia esperaba —so pena de humillación— de uno con su apellido. Al concluir el estudio encomendado por el Jefe Máximo, el joven liquidó todo interés real por la ciencia económica. No había, por otra parte, personas con las cuales conversar sobre estos temas esotéricos —cártels, coeficientes de ingresos, deuda pública—, ni manera eficaz de allegarse las novedades bibliográficas. Balcárcel olvidó su título británico y se dedicó al asiduo cultivo de la nueva regencia revolucionaria. Se abrieron las puertas del caserón de San Roque y penetraron por ellas las familias que, apenas diez años antes, no hubieran soñado cenar en mansión tan ilustre y codiciada. "¿Qué se le hace que de niño yo vendía albardas con mi padre aquí en frente? Y hasta me acuerdo de cuando su señora mamacita iba a la misa." Diputado fue el señor Balcárcel en la Legislatura del Estado, y aunque su gestión no fue memorable —o quizá, justamente, por esta razón— fue convocado a la Diputación Federal. Declinó la oferta: "Decididamente, no puedo alejarme de mi patria chica y sus múltiples problemas", declaró en los círculos oficiales. Pero, para sí, pensaba en el inquietante desfile de fantasmas del Porfiriato que lo acosaría en la capital; en la que podría armar alguna revista de sensación con la presencia de un antiguo terrateniente y rico minero en el Congreso cardenista; en las tentaciones de la nostalgia. Se contentó con la promesa de jugosas comisiones sobre contratos de obras públicas, y poco tiempo después, con la dirección del Banco. Avisado oportunamente de las sucesivas devaluaciones monetarias, intermediario de un buen porcentaje de contratos y operaciones fiscales, rígido prestamista, el tío Balcárcel acumuló en quince años una bonita fortuna. De sus ancestros, heredó la costumbre de colocar buena parte en el sueño de los bancos extranjeros; de la oligarquía de la Revolución, la de invertir en bienes raíces urbanos. Entre las rentas y los intereses, reunía sin pena lo necesario para vivir en el mayor lujo de su sociedad.

Helo aquí: de regular estatura, pelo castaño y cada día más ralo, boca apretada y color bilioso, con las mejillas colgándole desde los duros párpados: ojos pequeños y severos, rostro escrupulosamente afeitado, y un empaque de solemne celebridad. Sentencioso, dado a invocar reglas morales a cada instante y a llevarse la mano al chaleco con gesto imperial. Trajes conservadores y un tanto anticuados, dientes postizos, anteojos bifocales para leer. Si durante un largo período debió sacrificar su beatería religiosa a la necesidad política, cuando pudo declararse en público "creyente" reparó con creces los años perdidos. Las palabras "católico" y "gente bien" volvieron a sonar, con sinonimia, desde sus labios apretados. Y pudo, de esta manera, volver a conciliar, con profunda satisfacción, sus intereses mundanos con su retórica religiosa. "La propiedad privada es, decididamente, un postulado de la razón divina", "En México, la gente decente tiene la obligación de custodiar la educación, la moral y la actividad económica de un pueblo tan atrasado como el nuestro", "La familia y la religión son los tesoros del hombre": tales eran sus máximas más frecuentes y felices. Individuo de horas exactas, no toleraba la impuntualidad, las conversaciones frívolas o la mínima alteración de las costumbres por él establecidas. Debía tenérsele el baño caliente a las siete y media, y a las ocho un huevo pasado, durante tres exactos minutos, por agua; debía tendérsele sobre la cama la ropa lavada de la semana para que personalmente la contara y diese su visto bueno a la dosis de almidón de los cuellos; debía encauzarse la conversación, en su presencia, hacia temas de interés familiar que le brindasen la oportunidad para formular una sentencia; la familia debía rezar el rosario a las seis de la tarde y vestir de negro para ir el domingo a misa. Pero por encima de todo, nadie debía contradecirlo y todos debían acatarlo. Y así sucedió, en efecto, durante mucho tiempo. El índice levantado de Balcárcel era signo de autoridad definitiva. Cada noche, el buen hombre podía meterse entre las sábanas acompañado de los periódicos —su única lectura— y de un sentimiento infinito de razón, reposo y autoridad.

Como todo católico burgués, Balcárcel era un protestante. Si en primera instancia el mundo más ancho era divisible en seres buenos que pensaban como él y en seres malos que pensaban distinto, en una segunda instancia local Guanajuato se dividía entre los buenos que poseían algo y los malos que nada tenían. Pero llevada esta afición maniquea al seno de la familia, Balcárcel era el hombre recto que conocía el bien, y los demás gente por lo menos sospechosa a la que era preciso vigilar y encauzar por mejores sendas. Su cuñado, Rodolfo, era caso perdido. Para alguien como Balcárcel, que hacía una devoción del trabajo y de la riqueza, el atarantado comerciante incapaz de progresar económicamente era objeto de indiferencia y desprecio. Si a esto se añaden los errores sociales de Rodolfo, apenas se indicará que era el mejor blanco para los sermones y la satisfacción cultivada del licenciado. Esto se llamaba tener un pretexto vivo. Jaime, por ser hijo de su padre, ofrecería a la actividad moralizante del tío una oportunidad doble: la de indicarle la quiebra ética de Rodolfo, y la de señalarle otras rutas para sus costumbres. No quería, ciertamente, al muchacho; no quería sino a Jorge Balcárcel. Y el niño, aunque le irritaba, le interesaba como materia prima moral, y lo necesitaba para vivir en tranquilidad con su esposa.

Pues el paterfamilias no tenía familia, y era ésta la única fisura en su imponente personalidad de hombre de bien. Al año de casados, los esposos habían visto, en Londres, a un médico. Asunción no olvidaría las palabras del doctor: "Usted no tiene nada. Podrá tener los hijos que quiera." Pero Jorge nunca le dio a conocer el resultado de su propia consulta. Lo notó, durante varios días, extrañamente ensimismado. El joven marido volvió a hundirse en sus estudios y ya no se habló más del asunto. Pasaron los meses, los años iniciales, y el signo de la gestación jamás se presentó. La educación de la muchacha no le permitía abordar el problema con su esposo, y éste, en los días de menstruación, afectaba silencio, provocaba un enojo mínimo, se daba a hablar en sentencias: se evadía del tema y oponía un muro de severidad para justificarse. La treta, con el tiempo, había de convertirse en la característica del hombre. Y la inocencia de la mujer, que en una relación normal hubiese sido sexualidad corriente, sin relieves, se transformó en una violencia interna, concentrada y primitiva. Las relaciones con el marido eran externas y mecánicas: Asunción se acostumbró a no esperar fruto de ellas. Vivía su propio mundo secreto de visiones y apetitos insatisfechos. Nunca habló de esto con nadie. Sólo en sueños, o en momentos de soledad, alimentaba las visiones táctiles de fecundidad hinchada, de caricias maternales, de semillas de carne. Despertaba fatigada; corría con tambores en la cabeza y el vientre al quehacer doméstico; lograba conjurar el hechizo durante algunos días; siempre volvía a caer en él.

Cuando regresaron a Guanajuato, Asunción se dio cuenta de la situación matrimonial de su hermano. Urdió, entre sueños y luces obsesivas, casi en la inconsciencia, su proyecto. Instó a Rodolfo a tener familia: "Así tendrás un afecto verdadero en tu vida, Fito." Cuando Adelina le comunicó en secreto que estaba embarazada, hizo la vida imposible a la cuñada, hasta correrla. Obtuvo, en fin, que el niño fuese llevado a vivir a la casa de los antepasados: mil pesos en manos de don Chepepón y el muchacho fue sustraído del lado de su madre. Se aplacaron entonces los sueños atormentados; se llenaron sus labios, sus ojos y sus manos de la piel infantil, de los olores suaves del niño, del tacto anhelado del pequeño cuerpo. Se llenaron sus días con la atención maternal que prestaba a Jaime, con la preocupación por la ropa y la dieta y el baño y las sucesivas enfermedades de la niñez. Se llenó su corazón de horas inolvidables: las primeras letras, la primera oración que pronunciaron juntos, los regalos de Navidad, el primer velocípedo, la primera salida a la escuela, la comunión primera. La mujer atendía con amor monomaníaco la vida del niño, y respiraba profundamente al recordar los primeros años, vacíos, de su matrimonio. Esta realidad no escapaba a la atención de Balcárcel: él, como su esposa, fue acostumbrándose a la idea de que, gracias al niño, no había problemas en ese hogar. El terreno yermo en el que pudo haber germinado un rencor permanente entre Asunción y Jorge, había sido abonado por el niño.

Si algo distinguía a esta familia, era la convicción de que la regla máxima de la vida consiste en evaporar los dramas reales. Como Asunción, a escondidas, había añorado un hijo, Rodolfo Ceballos, a solas, se recriminaba por el abandono de Adelina. Jamás salieron a la luz estos estados de ánimo; jamás pudo suponer Rodolfo que Asunción se dolía de la esterilidad, ni la hermana que aquél sentiría remordimientos por el destino de su esposa. Ni una cosa ni otra cabrían en la cabeza de Jorge Balcárcel. El rector del hogar daba variedad a esta vida sumisa proporcionando reglas morales y ejemplos sobre lo que, en tal o cual situación, haría la gente decente. Pero sus declaraciones eran siempre de naturaleza abstracta, y las circunstancias personales eran muy ajenas a sus dicterios. En el fondo, los tres personajes de la casa sabían que es preciso no contradecir a fin de no ser contradicho y no violentar a fin de no ser violentado. En el contrapunto de sentencias generales y silencio opaco, Jaime era la agarradera para no sucumbir ni al dolor ni a la recriminación. Hijo postizo de Asunción, pretexto para la autoridad patriarcal de Balcárcel, justificación —en aras de un destino superior que la madre hubiese entorpecido— para Rodolfo, el muchacho crecía rodeado de una interesada devoción y de una normatividad farisaica.

"Que nunca crezca, Dios mío, que nunca crezca." Así oraba diariamente, sin palabras, la tía. Pasaba en seguida a la recámara del sobrino, le observaba dormido durante unos segundos, luego se acercaba a besarle la frente y corría las cortinas. Asunción revisaba la mochila escolar, colocaba en ella los libros y cuadernos necesarios para la clase de la jornada, sacaba punta a los lápices y reponía las gomas de borrar. Ella disponía el desayuno de Jaime y le asediaba con ofrecimientos de pan dulce, más fruta, un vaso de leche.

—Decididamente, mimas con exceso a este muchacho —comentaba Balcárcel—. ¿Te sabes bien la lección de aritmética?

—Sí, tío.

—Yo siempre fui el primero de la clase cuando tenía tu edad. No toleraría que mi sobrino fuera menos. La disciplina en la escuela es la base de la disciplina en la vida. ¿No tienes temores de que te reprueben este año?

—No, tío.

—Pues deberías tenerlos. Es necesario prepararse a los exámenes con el temor de un cero. Es la única manera de estudiar a conciencia. El maestro siempre sabe más que el alumno, y si quiere puede reprobar al más estudioso.

—Sí, tío.

4

EL NIÑO hizo sus primeros estudios en la casa de los señores Oliveros, en donde, a partir de la persecución religiosa y, después, con motivo de la educación socialista, se congregaban los hijos de las familias católicamente acomodadas. Más que por su correcta aplicación al estudio, el chico era estimado por su estricta observancia de las normas religiosas. A los siete años hizo la primera comunión, y la tía encarriló sus lecturas iniciales: devocionarios, misales, historias sobre la Virgen de Guanajuato. Jaime siempre estaba presente en los rosarios y, muy de mañana, acompañaba a la tía a la misa de San Roque. El resultado fue que, hacia la edad de once años, el muchachito rubio llevaba el camino del sacerdocio y pasaba las horas de descanso jugando a la misa. En cuanto se dio cuenta de esto, el tío Balcárcel sostuvo una seria plática con Asunción, que después prolongó con el curita en cierne. Mientras paseaba por la biblioteca sobándose las solapas, el pomadoso abogado le dijo que la formación religiosa era imprescindible para que los hombres caminasen derechito por la vida y, llegado el momento, formasen hogares cristianos; pero que era preciso andarse con cuidado, pues una cosa era la moral cristiana y otra, muy distinta, el misticismo desequilibrado. Si aquélla servía para la vida, éste no tenía más uso que el apartarnos de los demás, y las relaciones sociales, después de las buenas costumbres, eran lo más importante. Balcárcel, en suma, no quería que su sobrino fuese señalado como un loquito. Le advertía, desde ese momento, que todas esas zarandajas de cálices y mantelitos y estampas de la Virgen con las que adornaba su recámara, iban rectamente a la basura. Si sentía devoción, cruzaría la plazuela y se hincaría en San Roque. Y desde la mañana siguiente se dedicaría al deporte en sus ratos libres. Al salir, cabizbajo, de esta entrevista, el niño fue recibido en brazos de doña Asunción, quien abundó en los sabios conceptos del tío.

Jaime tradujo la hostilidad de los Balcárcel en un acercamiento mayor a su padre. Rodolfo Ceballos había continuado atendiendo el comercio de San Diego. Implantó algunas reformas, principalmente la venta de trajes hechos. Dejó de pedir las ricas mercancías que adquirían los parroquianos de antaño, cuando la vida social de la ciudad era más selecta y la diferencia entre las clases más acentuada. Antes, pensaba el comerciante, se conocía al monje por su hábito; hoy, ¿quién podría distinguir, dentro del traje idéntico, al hombre de bien del maleante, al hijo de familia del chofer endomingado? Rodolfo se especializó en un muestrario mediano de casimires y gabardinas baratos, estampados y telas de algodón. Ya no importaba cortes europeos; le salía más barato comprar paños de Orizaba. Nadie notaba, o exigía, la diferencia. Trató de recoger el hilo de su despreocupada juventud. Bajo la gravedad impuesta a la vida familiar por los Balcárcel, lo que antes había sido existencia abierta fue ahora placer vergonzante. Prostíbulo, dominó, cerveza, regidos por el horario de Asunción, por el miedo de encontrar a Balcárcel. Pero darse tonos de riguroso hombre de hogar tampoco tenía sentido, sin Adelina. El buen hombre quedó suspendido en un término medio de simplicidad e inhibición, acentuado por el desplante con el que los Balcárcel conducían sus vidas. Pensaba, a veces, en Adelina.

—Asunción: ¿no le falta nada?

—No te preocupes. Está bien. No se te vaya a ocurrir, ¡por Dios!, no se te vaya a ocurrir mencionarla en frente de Jaime.

En alguna ocasión la vio, de lejos, en la iglesia, y sintió culpa y vergüenza. La mujer espigada se había desencajado, era puro hueso. Rodolfo, de buena gana, le hubiese llevado al chico más de una vez. Pero esas cosas se van dejando pasar, se buscan pretextos, y el comerciante nunca tuvo la decisión suficiente para arrancar a Jaime a la estricta vigilancia de Asunción, y menos la necesaria para hablarle de su madre. Después, supo que don Chepepón había muerto, y Adelina salido de Guanajuato.

Ya estaba acostumbrado a la lejanía del muchacho: recibió con alborozo los avances de intimidad. Le advirtió, en voz baja, que los tíos no debían enterarse de que hablaban juntos. Ideó el pretexto de pasar a recogerlo a casa de los Oliveros a fin de sostener, cotidianamente, por lo menos una plática de veinte minutos. La vida de Rodolfo se aclaró; se dijo que por todos los medios debía conquistar a su hijo, y la verdad es que sacó fuerza de donde no las había para inventar cuentos, apelar a la curiosidad del niño y absorber su atención. No conoció Rodolfo, en su vida, momentos mejores que los de ese año único, cuando Jaime tenía doce. Diríase que un nuevo espíritu habitaba el cuerpo obeso y descuidado del pañero. ¡Con qué natural elocuencia discurría sobre cosas que apenas recordaba, relataba historias imaginadas, cubría de una pátina de anécdotas el trayecto entre el callejón del Zapote y la bajada del Jardín Morelos!

—Imagínate... imagínate esta calle... llena de carruajes viejos, como los que tenemos en la caballeriza en casa, ¿sabes?... Tu bisabuela doña Margarita iría en uno, rodeada de sus hijos... con una sombrilla de colores... y saludaría a todas las familias que venían de misa el domingo... luego tomaba chocolate con el señor obispo... no sé... debió haber sido tan bonito, ¿verdad? Imagínate... imagínate... que tuviéramos una maquinita, algo así como una bicicleta mágica... para regresar al pasado... y conocer, ¿a quién te diré?... ¡al Pípila! Sabes, era un chamaquito como tú, y gracias a él tomaron los insurgentes la Alhóndiga de Granaditas. ¿Te hubiera gustado conocerlo?... Iremos otro día a la Alhóndiga, y te contaré...

Y era recompensado: el muchacho le apretaba la mano, le regalaba la alegría de su risa, le miraba con los ojos limpios. Apresurados, gozosos, impacientes, padre e hijo concurrían a la ceremonia de la "Apertura" de la Presa de San Renovato. El chico descubría rostros populares, engullía antojitos y gritaba entusiasmado cuando las compuertas se abrían y la banda recibía el ruido del agua con la melodía de Juventino Rosas. Palos ensebados, globos de papel, mojigangas: el mundo pintarrajeado de la fiesta popular entraba temblando por los ojos del niño que, en ella, en la compañía de Rodolfo, encontraba por primera vez los sabores del mundo. Padre e hijo caminaban, mezclados con el pueblo, en la romería del Día de la Cueva; arrojaban, entre risas, flores el viernes doloroso; presenciaban las tres caídas en el Templo de la Compañía el Viernes Santo. Fue aquí, ante el espectáculo de la gran cúpula, apretado por la multitud contra la cantera rosa, clavados los ojos en el Cristo de melenas negras y frente rasguñada, cuando el joven de trece años sintió por primera vez que no era verdad lo que decía el tío Balcárcel. Pensó, sin darle muchas vueltas a su idea, que el hombre representado por esa imagen dolorosa no era un desequilibrado, pero que su tío, de haberlo conocido, lo hubiera tratado como tal.

Pero había algo más. Al niño, con los ojos absortos en la figura crucificada, le era imposible reducir el sentimiento a sentencia. Toda palabra hubiese significado la fijación de algo que, sobre todo, entendía como un flujo avasallador y cálido.

La cruz se mecía con rigidez, ávidamente portada por los indígenas. Las manos que se disputaban el roce de la imagen no mostraban, sin embargo, impaciencia, dolor o alegría. Un signo de vida concentrada, de resignación dinámica, emanaba de todos los brazos alargados. Era como si, más que hacerse presentes, los fieles quisieran perderse en el contacto con la imagen; como si, más que ganar algo gracias a la devoción, deseasen renunciar. Su fe no parecía una manera de afirmarse en la vida, sino de desprenderse de ella, evaporarse en el anonimato, sustituir el presente por una encarnación futura o pasada.

Llevado por los brazos de los fieles indígenas, el Cristo negro coronaba a todos no sólo como una esperanza. Un secreto deseo de volar hacia atrás, de recuperar lo perdido, asomaba con sigilo en los rostros. También podía sentirse un desafío: la muchedumbre de los pobres era la portadora de la imagen; los criollos y mestizos acomodados permanecían en las aceras, en los balcones, observando, condescendientes. Ellos sí iban a recibir, a sentirse mejores, a tranquilizarse con la fe del pueblo y la muerte de Cristo. Y esto, misteriosamente, exaltaba la seguridad de los que portaban al Nazareno. La fiesta era de ellos: sólo en estas ocasiones eran ellos los protagonistas, unidos a la imagen venerada, centro de la ceremonia. Silenciosos, clamaban en triunfo.

Jaime veía y sentía algo distinto. El intenso colorido de la fiesta le nublaba el pensamiento. Pero a través de las luces y el conglomerado y la tensión callada, lograba distinguir una liga suya con la imagen de la cruz: desaparecían la muchedumbre popular y los espectadores, y el Cristo lo miraba a él. El flujo caluroso se establecía, singularmente, entre Jesucristo y Jaime Ceballos. Entonces resonaba, detrás del ruido opaco de la fiesta, la voz del tío; y en sus sentencias, tantas veces repetidas, desaparecía la vinculación de la persona con la persona: cada palabra de Balcárcel indicaba que la moral era idéntica para todos, que la regla de conducta cristiana se imponía por igual a todos, hombres y mujeres, niños y grandes, ricos y pobres, sin detenerse a averiguar quién era quién, aislado. Y Jaime, envuelto por la multitud, apretado contra los muros rosados de la iglesia, quería recuperar la mirada que era sólo para él, capaz de aislarlo y entenderlo a él sólo.

Un capuchón morado cayó sobre la imagen del Cristo negro. Entre el Viernes de Dolores y el Viernes

Santo el muchacho acudió todos los días al templo, en espera de que el velo fuese retirado. El instinto le decía que la figura escondía un secreto reservado para él. Las visitas y las oraciones eran su manera de arrancar ese secreto.

. . . .

Sabría más tarde que allí, frente a ese Dios victimado, sintió por primera vez que era otro y nuevo. Había crecido, rubio, obediente, indiferenciado, en el seno cálido de una familia unida por el recuerdo de los antepasados y distanciada por los rencores que el apego a las apariencias silenciaba. Nunca escuchó una recriminación, ni pudo sospecharla. Los horarios eran exactos, el cariño pronto, la comodidad natural, el respeto a la memoria de la parentalia constante. ¡Cuántas veces, durante las comidas familiares, se invocó la prudencia de doña Guillermina, la energía y bondad paternales de Pepe Ceballos! Tomar lugares alrededor de la mesa, bajo el leve bamboleo de la lámpara redonda, era desmenuzar la memoria de hechos pasados. El niño esperaba, cuando los vasos tintineaban y los platos eran pasados sin un rumor sobre el mantel de terciopelo verde, ese minucioso relato de lo vivido por los seres paralizados del álbum fotográfico de "mamá" Asunción. Cierto regocijo en ésta, un humilde y plano relatar en Rodolfo, una lección provechosa en las conclusiones del tío Balcárcel. Las anécdotas de un primer baile sucedían al relato de un paseo campestre, el recuerdo de una muerte antigua a la añoranza de un juguete infantil. Cuando Balcárcel decía que todo tiempo pasado había sido mejor, Rodolfo, Asunción, y por costumbre obediente, Jaime, adoptaban una actitud de respeto. Era el signo de que el tío solicitaba atención: —Hoy la moral no es lo que fue. Nuestra obligación, decididamente, consiste en mantener las buenas costumbres y el respeto a la familia en medio de una sociedad en crisis.

Siempre, después de la sentencia, la comida terminaba. Asunción tocaba la campanilla de plata y la criada pasaba a recoger el servicio. Rodolfo se excusaba y salía con paso lento del comedor. Todos se acogían, en la tarde, a una breve siesta, y en la noche a un temprano retiro. Las voces se perdían por los pasillos, las puertas se cerraban, las cortinas se corrían.

¡Qué silencio el de esas horas de reposo! La ciudad colonial lo acompañaba con campanas perdidas y rumores lejanos de ganado paciente. En el silencio de la siesta y la noche, el niño sentía que todos, separados por las recámaras, continuaban unidos por el hilo persistente de la vigilancia y el pasado. Nunca despertó al terror de la oscuridad. Nunca se sintió separado de la familia envolvente. Nunca se pensó distinto, no sólo de los vivos, sino de los muertos convocados a toda hora en la conversación. Muertos de todos los días, presentes en cada comida.

Y, sin embargo, hoy regresaba con su padre de la procesión de Viernes Santo y se experimentaba distinto y separado, sin saberlo o poder expresarlo. Durante la frugal cena de esa noche —noche de lutos subrayados por la ropa de los tíos y el padre— vio por primera vez el sonrojo de su padre cuando Balcárcel entonó la acostumbrada oración sobre la familia y las buenas costumbres. En realidad, no atendía a la conversación. Sólo pensaba en la imagen del Cristo: levantaba los ojos a la lámpara del comedor e imaginaba en su centro el cuerpo sangriento, los ojos de metal ciego, el greñero de espinas. Y durante la noche soñó, por primera vez, con una muerte de terror, ajena al dócil calendario luctuoso de la familia. Soñó, cobijado hasta las orejas, con los muertos de la familia. Sí: Higinio Ceballos con la boca abierta y las manos sobre el pecho. Sí: Margarita Machado con una cofia de encajes. Sí: Pepe Ceballos como un muñeco de cera. Sí: la abuela Guillermina con un pañuelo amarrado a la quijada. Les sonrió en el sueño: eran como él, o parte de él. Eran amables y lo confortaban. Pero entonces, del receso más hondo de su visión surgió esa figura ajena que rasgaba la tranquilidad. Era un muerto con dolor y sangre. Un muerto espantoso que entre las manos claveteadas portaba una ofrenda misteriosa, indefinible en el sueño. La figura se agrandaba entre rugidos; aplastaba a los muertos conocidos. Los abuelos, los tíos, todos yacían, al fin, rotos y con sonrisas cómicas, al pie de la figura muerta que se disolvía en una tempestad de luces. Jaime despertó gritando. Se llevó las manos a la boca. Pero la tía ya entraba envuelta en un chal, con los pies descalzos, a calmarlo y persignarlo.

Los cohetes del Sábado de Gloria se fundieron en su cerebro dormido con el recuerdo de lo soñado. Irían todos a las ceremonias religiosas. Caerían los velos morados de las imágenes. La virgen volvería a sonreír, los santos a lucir sus paños dorados. Aspiraría el dulce espesor de las naves rociadas de incienso.

Irían todos. Pensó con alegría, al bañarse, en el espectáculo prometido por la jornada. Se pasó el estropajo por los hombros y mientras los fregaba los fue sintiendo cada vez más duros y cuadrados, como si los huesos ya no formaran parte del cuerpo acostumbrado. La tina estaba llena hasta los bordes del agua tibia y ferrosa. Estiró las piernas: antes no podía tocar la llave con el pie. Con el movimiento de las piernas, el agua le chapaloteó entre las axilas y sintió placer. Pero lo olvidó; continuó enjabonándose y pensando en el día de la celebración. Ya los cohetes tronaban y los muchachos corrían con toritos y mojigangas en alto. Ya tañían a gloria todas las torres de Guanajuato. Ya asomaban la nariz roja y el bigote de carbón los Judas. Ya caminaban todos por el atrio. Su padre, su tía, él. Ya se unían a ellos todos los hombres y mujeres que venían a festejar la Resurrección. Ya se hincaban frente a los confesionarios. Ya recibían las hostias. Ya levantaba el coro su aleluya pascual. Ya salían todos del templo a mezclarse con la celebración al aire libre. Ya salían a paso lento y apretado. Ya sentía los cuerpos muy cerca del suyo, con sus tactos y olores propios muy cerca de los suyos. El jabón resbaló y Jaime, al buscarlo, encontró una rodilla dura y pasó la mano por esa pierna nueva, como de otro, larga y áspera. Salió de la tina. Envuelto en la toalla, trató de encontrar la diferencia en el rostro.

Hay fe en la ciudad de noble piedra y cerco campirano. Han bajado los labriegos de las lomas curtidas. Han caminado desde San Miguel grupos de Concheros con pies de cascabel y muñecas sonajeras. Se han asomado los viejos a la reja del balcón y los niños corren entre la masa compacta de rebozos azules y sombreros de petate. Hay un puesto, de agua, de fruta, de flor, en cada esquina de Guanajuato. Desde el lejano churriguera de la Valenciana vuela la pólvora. La ciudad huele a esa chamusquina, pero también a guano, a adoquín mojado, a membrillo. Muchos olores ascienden de la tierra, otros de los puestos, algunos de las alacenas colmadas en que abunda la villa de modernidad marginal. Detrás de las rejillas de los armarios blancos se guardan los quesos frescos y el arroz con leche, la cajeta quemada y el racimo de guindas, el rompope descorchado, el vinillo de fruta, el guayabate y el mazapán. La suma de estos sabores particulares se siente en el aire, aun durante el Sábado de Gloria. Es una ciudad de postres y cordiales, más interesada, en la comida como en la existencia, en el adorno asombroso de un turrón o de un altar, que en la eficacia de una licuadora. Descienden todos, rodeados de esos sabores, de este ánimo, a las plazas más amplias, a los atrios del gran día cristiano.

Más grande, acaso, que la noche belemita. Porque en este día todo cobra el sentido anunciado por la Navidad. El Salvador había muerto por todos. Y al resucitar de la muerte común, a todos ofrecía salvar del dolor y de la soledad. A todos dijo que vivir para los hermanos —como él aceptó morir— era asegurar la vida eterna de la solidaridad. En verdad, quien supiera amar a sus hermanos viviría siempre en ellos, y en sus hijos, y en los hijos de los hijos. Porque esto había sido dicho, hoy caminaba Asunción Balcárcel cuesta abajo, hacia el Templo de la Compañía. Tomaba hoy, como siempre, a Jaime de la mano. No lo había visto crecer. Porque era este gran día, el comerciante Rodolfo Ceballos caminaba detrás de su hermana y de su hijo, con el andar pesado de siempre, con las manos cruzadas sobre el pecho y el traje negro de la víspera.

Por eso cantaba el coro de niños el *Aleluya* de Händel cuando ocuparon el sitio reservado a las familias decentes en la Compañía. Por eso eran la misa cantada, la voz laudante, la bendición del cirio pascual y, por fin, la exclamación jubilosa del *Exsultet.* Jaime permanecía hincado. La ropa le apretaba: era el traje azul de las grandes ocasiones, y ahora, al hincarse, las costuras del pantalón habían tronado. La tía leía el misal y Rodolfo estaba con la boca entreabierta y la mirada perdida en el follaje barroco del altar. El muchacho sólo tenía ojos para el cirio. Se asombraba pensando que, cada año, había asistido a las ceremonias del Sábado Santo sin fijarse nunca en la vela que ocupaba el centro del escenario. No obstante, el objeto de la ceremonia era encender ese regocijo simbólico: el joven lo supo, con alegría, y no apartó más la mirada del cirio. Vio cómo se desprendían las barbas de cera, cómo comenzaba a achatarse, con segura lentitud, el alto mástil blanco. La alegría de la luz consumía al cirio erecto; se sacrificaba alumbrando. La voz de Asunción repetía al lado de Jaime: "... y en la resurrección de la carne, amén". Se levantaron. Se persignaron antes de dar la espalda al Santísimo. Caminaron lentamente, apretujados: las naves estaban llenas de fieles, y Asunción acercó su cuerpo al de Jaime. La salida era lenta; las campanillas de los acólitos repicaban. Era imposible avanzar. Jaime sintió que le faltaba aire. Y el cuerpo de la tía se pegaba cada vez más al suyo, con la insistencia de un secante, hasta que el muchacho distinguió en su carne el modelo de la figura cercana que, detrás de él, lo abrazaba sin brazos. El cuerpo plano de Asunción, los senos, el estómago blando, se reproducían con escalofríos en la sensación del sobrino. Volteó el rostro; Asunción bajó el suyo. Ahora se abría el atrio ruidoso, el grito de vendedores y zorzales, el olor manso de la ciudad provinciana. La danza terciada de las chirimías y los penachos indígenas circulaba por la plazuela.

Esa tarde, Asunción dijo que quería música. Terminaban los cuarenta días en que el silencio de la ciudad se acentuaba más allá de su naturaleza. Balcárcel había salido a México a atender asuntos detenidos por las vacaciones de Semana Santa. La tía recordó que don Pepe Ceballos llevaba una orquesta de cámara a la casa los Domingos de Pascua y que los niños improvisaban bailes deliciosos después de la comida. Rodolfo y Jaime la acompañaron a la recámara de terciopelos rojos, donde se encontraba el pequeño piano de marquetería poblana que le regalaron a Asunción el día de sus quince años. La tía tocaba, con indecisiones ocasionales, *Für Elise*. Rodolfo se sentó en la silla de mimbre. Su cabeza, colgante y ensimismada, parecía un alfiler ensartado al cuerpo gordo y pasivo. El resto del día se filtraba por la ventana. Jaime se colocó junto a ella. El atardecer recortaba el perfil esbelto e incendiaba el pelo del joven.

—Era la pieza favorita de mamá —dijo Asunción, al repetir la cadencia inicial de la obra.

Rodolfo asintió desde la silla.

—Este piano me lo regaló papá, ¿te acuerdas?

—Sí... cuando tus quince.

—Había uno de cola, ¿verdad? ¿Qué se hizo? Estaba en la sala. Fíjate que se me había olvidado.

Rodolfo se sonaba con un corto resuello. —Sí... Ella lo vendió —dijo.

—Si no regresamos de Inglaterra, *ella* hubiera liquidado la casa. De milagro quedó algo.

—Es que... ella no sabía tocar, y como por entonces la victrola era la gran novedad...

Asunción separó los dedos de las teclas frías e indicó con la cabeza que Jaime estaba presente. La conversación entró con lentitud a la cabeza del muchacho. Lánguido como el sol, se colgaba con un brazo de la cortina. *Ella, ella...* Conservó la palabra sin pensarla. Pensaba, con extrañeza, que ese día recibía impresiones sin comprenderlas. Pensó que las escondía para pensarlas otro día... "Otro día entenderé todo", se dijo el joven, y soltó la cortina y recordó fugazmente la conversación pasada, el cuerpo de la tía pegado al suyo, la ceremonia de la luz y el sacrificio.

Salió con paso lento de la recámara. —Es que ella no era como nosotros —dijo, en voz más alta, Asunción, y empezó a tocar el *Impromptu* de Chopin. No dominaba bien la rapidez del pentagrama, y debió leerlo e iniciar de nuevo la ejecución. Jaime se alejó por el corredor.

—¿Quieres escandalizarlo? —dijo Asunción, mientras angostaba los párpados para leer mejor las notas. —Recuerda lo que dice el Evangelio.

—Pero es que es su madre.

—No es, Rodolfo. —Asunción sonrió con agrura.

Su hermano ya asumía, como siempre, el papel de la víctima—. Ese niño no tiene madre, y no voy a permitir que lo corrompas.

—Algún día la habrá de conocer.

—No. Si insistes, le diré a Jorge que hable contigo.

—¿Por qué? —Rodolfo no quería referirse a la amenaza. Quería decir algo más general. Quizá su hermana lo comprendió. Él no pudo continuar.

—Ahora Adelina vive en Irapuato muy quitada de la pena. Frecuenta pura gente de lo más bajo, igualito a ella. Nunca debió salir de allí. ¡Las gentes que se salen de su lugar son...!

—No; no digas nada, por favor. Puede que sea cierto. Pero trata de entenderme. Yo... yo siento mucho remordimiento. Sí. Si por lo menos una vez le hubiera llevado al niño... o si le hubiéramos pasado algo.

—¿Ya no te acuerdas que ella misma se negó? Por nosotros no quedó. ¿Te acuerdas? Al fin tu suegro tenía dinero.

—Don Chepepón ya se murió. Ella ha de pasarlo mal.

—Inocente. Si lo pasa de lo más bien.

—No sé... no te entiendo. Todos la trataron como si fuera mala. No era mala...

Había caído la noche. La recámara se oscureció. Rodolfo recordó, entonces, que Asunción sabía muy bien que Adelina había vendido el piano; ¡cómo iba a pasársele una cosa de ésas a ella, que lo vigilaba todo, que llevaba cuenta de todo! Asunción cerró el pentagrama del *Impromptu* y volvió a tocar *Für Elise*, que conocía de memoria.

—No vayas a comentar nada de esto a la hora de

la comida, Fito. Ya sabes que mi marido llega cansado. No le gusta que se hable del tema. Tú y yo, nada más porque somos hermanos.

El gato gris de la tía se acercó a los pies de su dueña y allí comenzó a ronronear, hinchado de placer.

. . . .

Ese día es Domingo de Pascua. Jaime, de regreso de la misa, sale al portón de la casa con una naranja en la mano y se sienta sobre la solera. Extiende los pies hacia las baldosas calientes. Chupa el jugo tibio de la fruta y ve pasar las personas y los oficios. Beatas que gastarán el día bajo la sombra eclesiástica de San Roque. Criadas que envuelven en el rebozo escarlata las lechugas, los apios, los manojos de berro y epazote. Niños descalzos que abren sus ojos de aguacate maduro y recorren la calle tamborileando los barrotes de las ventanas con un palo. Señoritas de pelo lacio y senos nacientes que la transitan tomadas de la mano, cuchicheando, riendo, sonrojadas. Limosneros —casi todos viejos, algún ciego o baldado adolescente— de barba espinosa y sombrero de petate, que muestran el ojo opaco, la llaga encarnada, la mutilación nerviosa, los pies atarsados, la lengua paralítica: algunos se arrastran, otros viajan en tablas con ruedecillas, éste camina erguido, da la cara al cielo y contrapuntea con su sordo bastón la algarabía de los chicos que arrancan la música metálica a las rejas. El desfile se encajona primero, se abre después sobre la plazuela y el atrio: se detiene allí un instante, se mueve en la anchura del escenario del día, y vuelve a perderse por la calleja angosta de los Cantaritos. No es una región de densidad indígena. Los rostros mestizos, de cuero asoleado y profundos surcos faciales, se alumbran con ojos verdosos, grisáceos, incrustados en la carne de olivo. Las cabezas son negras y lustrosas, o azuladamente blancas como un volcán madrugador. Una india, de nalgas levantadas bajo la gruesa falda, abre sus dientes de mazorca e instala el toldo sobre tres palos curtidos. Extiende, frente a la plazoleta y sobre los adoquines, coronas de piña y emblemas de sandía, membrillos perfumados, granadas abiertas, mameyes, pequeños limones, hostias de jícama, torres de naranja verde, horario de limas, artillería de zapote prieto, el estandarte de moras y tunas. El aislado vendedor de fresas canta en rojo su mercancía. Largos cirios cuelgan su virilidad reposada desde los palos toscos del mismo vendedor de estampas y corazones de plata y veladoras rosa. Calle de flores, también, que pasan jorobando a los cargadores: margarita y jazmín, rosas reventonas y dalias azules, azucenas y amapolas dormidas, alcatraces solemnes y claveles juguetones, que dejan la estela de su jugo efímero a lo largo del camino. El muchacho quiere tocar y apresar los colores; sonríe cuando el gato de la casa sale rodando como una bola de estambre. El joven y el animal se acarician suavemente, antes de que los ojos amarillos del gatito se abran como si el sol no existiese y vuelva a esconderse en las sombras de la casa. El afilador detiene su taller ambulante y hace brillar bajo la forja solar los cuchillos y tijeras y navajas. Una mula de lomos esponjados carga la caña de azúcar que su amo ofrece a las puertas cortada en pequeños barrotes de verde, blanco y amarillo. Al frente de los caballos pintos trota un charro empinado sobre el albardón; un corcel mulero se encabrita al lado de la bestia cargada de caña y luego trata de montarse sobre la grupa esponjada: desciende el charro y cintarea los flancos del mulero y vuelve a meterlo a la compañía de los pintos. Cuando una herradura destruye la torre de naranjas, la india las recoge sin hablar y los mendigos del templo se arrojan sobre las que ruedan como pequeños soles errantes por la cuneta de piedra y zacatón.

Jaime se rasca el pelo solitario que le ha nacido en la barbilla y ve alejarse, entre gritos roncos del jinete, los cascos húmedos de la caballada. Escupe las semillas de naranja y vuelve a entrar, tarareando, a la casa y a la vieja caballeriza transformada en desván. Se limpia las manos pegajosas de fruta en los muslos y sube al puesto del cochero en la carroza desmantelada y polvorienta. Allí, suena la lengua con el paladar y agita un látigo invisible sobre los corceles de ese aire antiguo. Huele rancio el lugar, pero la nariz del muchacho está llena del olor de sudores de caballo, de excremento de caballo, de calor de sexo de caballo cuando se acerca a la grupa quieta y al culo rojo de la mula. Sus ojos cerrados también sienten el baño de los colores de la calle, de las frutas y las flores, de los cuchillos blancos y de las llagas de los mendigos. Y las manos apretadas de Jaime, extendidas hacia los caballos imaginados que tiran de la carroza inválida, pueden tocar, con la respiración llena y los ojos perdidos en el tumulto de los colores, los muñones de los baldados, la cera derretida de las veladoras, las nalgas levantadas de la placera, las tetas recién nacidas de las muchachas: el mundo que nace pronto, vive pronto, muere pronto. Suelta las riendas, mete la mano por la bragueta y acaricia el vello que apareció hace unos días. No sabe decirlo, cuando tiembla, trepado en el asiento del cochero, con los ojos cerrados y las piernas abiertas y la humedad del lugar refrescándole el miembro joven. No sabe decir cuánto lo ama todo. No quiere recordar cómo le salta el corazón al contemplar las frutas y las mujeres y los animales. No sabe cómo pronunciar las palabras de amor a toda esa vida fluyente y rica que ha visto durante la mañana del Domingo de Pascua. Piensa sólo que todo se ha ido ya. Que los caballos han pasado. Que la india levantará el puesto de frutas. Que las flores pasaron apresuradas y esquivas a su tacto, como las muchachas que no le dirigieron la mirada. Y que él lo ama todo, lo quiere todo, para tocarlo y regarlo sobre su piel y mamar los zumos de cada cuerpo frutal. Se recuerda, ahora, con el rostro afilado y la cabellera rubia, mordiendo la naranja, con la camisa abierta y arremangada y el pecho lampiño; se recuerda con los pies sobre la calle ardiente y el pantalón apretado que ya no le viene. Él no se movió del puesto sobre la solera; el mundo entero huyó entre sus ojos y sus dedos. "¿Qué está fijo?", parece preguntarse el joven. ¿Qué cosa no se mueve nunca de su lugar? ¿Qué cuerpo lo espera inmóvil y amoroso? Brinca de la altura de la carroza y siente un dolor agudo en los testículos.

Corre fuera de la casa, y sube, sudoroso, la empinada cuesta. Lo guía la cúpula románica de la Compañía, señora del paisaje guanajuatense. Las plantas de los pies le arden, como le duelen, al poco tiempo, los tendones al paso rápido y nervioso. La iglesia está vacía; los oficios han terminado; las flores brillan menos que los altares. A un lado de la nave central se levanta la cruz nudosa que sacrifica al Cristo retorcido y negro de las procesiones. Se detiene un momento antes de penetrar esta arca sellada al mundo. No lo detiene, frente a la figura de laca brillante, el miedo, sino el amor inexplicable, el mismo que le estremece al recordar el mundo vivo de la mañana o el cirio consumido del Sábado de Gloria. El rostro de lodo, surcado por arroyos de sangre, del Cristo negro, está allí. Los ojos brillan debajo de las cejas de dolor pintado. El cuerpo macerado no se mueve, aunque los brazos estén siempre vivos, comulgando la tortura con la bienvenida. El faldón rojo, bordado de pedrería, se mantiene tieso entre el vientre y los muslos, y después descienden los ríos lacerados de las piernas hasta confluir en el clavo único que atraviesa los pies. Está seguro de que el cuerpo salvador no se moverá, no se escapará a su mano como las cosas del mundo: Jaime se hinca y no sabe qué hacer. El silencio del templo es mayor que el ruido de las velas chisporroteantes que alargan sus barbas de cera a ambos lados del Cristo. Una comezón que nunca había sentido le asciende desde la parte más tibia de la ingle y le desciende desde la gravedad ansiosa del plexo. Abraza los pies crucificados.

Diría que el silencio se ha sobrepuesto al silencio. Regresa el luto estable de la iglesia: la misma quietud se escucha. Los curas almorzarían. La ciudad caería en la siesta. Algo —los latidos de las velas encendidas— marca el curso de los minutos. Cuando la nueva y primera alegría ha pasado, Jaime levanta los ojos hacia la figura y no sabe si el cuerpo del Cristo es el suyo, y si el de Jaime Ceballos se extiende sobre la cruz. El muchacho voltea la nuca y se asegura del silencio y lejanía del altar. Entonces se acerca a los pies de la imagen otra vez, y le levanta el faldón. La reproducción natural termina en las rodillas cubiertas. El resto es una cruz de palo que sostiene el torso herido y los brazos abiertos.

. . . .

—Ni un grito, chamaco, o me lo tuerzo...

Había regresado del templo silencioso, por las calles abandonadas, a la casa envuelta en siestas. Era la tarde del Domingo de Pascua. La comida, al romperse la vigilia, había sido abundante. El vientre de Guanajuato se sentía pesado; los ojos de las cúpulas también dormían. Jaime caminó agradeciendo el silencio de la ciudad. ¿Dónde estarían en ese instante los vendedores ambulantes, el charro, las muchachas? Porque después de visitar la imagen de Cristo, deseaba encontrar de nuevo a los compañeros de la mañana. Quizá —pensó— ahora se fijarían en él. Lo mirarían las muchachas. Le pediría el charro que lo ayudase a meter en la caballada al matalón. Le ofrecería la vendedora una rebanada de jícama. Porque era otro ("Debo ser otro distinto. Me ha de haber cambiado la cara. Ya no he de mirar igual. A ver cómo me miran en la cena los de la casa. ¿A poco ya soy hombre? Pero todos los de la escuela son de mi edad y se ven igual que antes. Puede que no se note nada") y observaba con miedo su reflejo en las ventanas. ("Todos están durmiendo la siesta. Debo ser el único despierto en Guanajuato"): la villa colonial que en la soledad parecía una enorme moneda de oro.

No quiso subir a la planta alta. ("Ahora no quiero dormir la siesta. Pero tengo sueño. Es que no quiero verlos. Nada más. No se me antoja. Mejor voy a ver qué encuentro en el baúl") y empujó la puerta rechinante de la caballeriza. Entonces sintió la mano sobre la boca y la rodilla encajada en la espalda y el olor a transpiración.

—Ni un grito, chamaco...

Todo era ese extraño sudor que lo abrazaba.

No olía a suciedad, no olía a trabajo. Era el sudor de otro esfuerzo. Los aires de la mañana —fruta, vela, caballo, flor, cuero, pelo lavado— se aislaban en el recuerdo de Jaime de este nuevo olor de un hombre que le tapaba la boca y le encajaba la rodilla. La rodilla que ahora lo iba empujando hacia el extremo de la caballeriza, entre los maniquíes y los baúles y detrás de la carroza negra.

Le soltó al tiempo que apretaba con el puño un fierro negro. —Ya sabes... —dijo en voz muy baja. La agitación no permitía a Jaime, arrinconado, darse cuenta del hombre que lo amenazaba. Una presencia borrosa, pero llena de fuerza, se esfumaba detrás del puño extendido y el barrote de fierro. Por fin pudo pensar: ladrón. Y mejor: criminal escapado. Entonces lo vio, primero alto, luego fornido, en seguida con el pelo negro que le caía en mechones sobre la frente, y pudo llegar a los ojos y no vio allí ninguna de aquellas palabras.

Se miraron.

Jaime jadeaba y se frotaba la nariz con el brazo. El hombre fuerte no se movía: sólo los ojos le corrían de un extremo al otro de las cuencas, no con alarma, sino con seguridad dominante. Una verruga en el labio parecía moverse sola. Tenía los zapatos, cuadrados, boludos, llenos de polvo y rasgaduras. En la camisa azul se veían las huellas secas de la intensa transpiración. Había doblado varias veces la valenciana del pantalón café. Si el torso era robusto, las piernas flacas lo sostenían como dos cables eléctricos.

—Óyeme. Tengo hambre y mucha sed. Vas a ir allá dentro y me traes algo. ¿Entiendes? No se te vaya a ocurrir decirle a nadie que estoy aquí... Quítate esa cara de espanto. No soy un ratero. ¿Sabes lo que les pasa a los rajones? Córrele.

El tono del hombre, a veces sereno, a veces amenazante, atraía y alejaba al muchacho.

—Haz lo que te digo.

Jaime inmóvil en el rincón.

—Me caigo del sueño y del hambre, chamaco.

Jaime se acercó al hombre, le tendió la mano y corrió hacia la cocina.

El hombre sonreía cuando Jaime regresó con la servilleta cargada y la tendió sobre el baúl. Rebanadas de jamón y queso, un cuadro de dulce de membrillo, alas de pollo.

—Aquí está la jarra, señor.

—Llámame Ezequiel.

—Sí, señor Ezequiel.

El hombre dejó de morder el ala y estalló en una carcajada.

—Ezequiel no más. ¿Qué edad tienes?

—Trece... voy para catorce.

—¿Trabajas?

—No. Soy de la casa. Voy a la escuela.

Ambos se habían sentado sobre el baúl de los viejos recuerdos, donde dormían los velos de la abuela Guillermina y los periódicos del siglo pasado. Ezequiel mascaba con furia, embadurnando de grasa sus bigotes lacios y disparejos. Continuamente golpeaba la rodilla de Jaime. Le era difícil contener su alegría, tan robusta como el torso oscuro y la mirada siempre activa: los ojos negros corrían todo el tiempo de la puerta al muchacho, al ojo de buey, a la carroza varada. ("Algo se gana en esta lucha, y es aprender a distinguir luego luego entre el soplón y el amigo. ¿Qué se trae este chamaco? Puro niño bonito, me dije cuando lo vi. Criado de casa elegante, pensé cuando me trajo la comida. Pero me ayudó. Nada. Un chamaco muy solo, no más.")

—¿Te llamas?

—Jaime.

—Está bueno, pues, Jaime. Te convido membrillate. Ándale, no seas tan penoso. ¡Caray!, a ti hay que sacarte las cosas con tirabuzón.

—Gracias, señor. . . Ezequiel.

—¿No partimos el turrón?

—Ezequiel.

—A ver, ¿qué se te ocurrió cuando me viste? Éste ha de ser ratero, ¿a poco no? Lo andan persiguiendo por algún delito.

—Sí.

—¿Tienes muchos amigos?

—No. Este. . .

—¡No te digo! A ver, sírvete agua. No sabes lo que es probar agua fresca después de tres días de andar por esa tierra será, a pata o escondido en furgones. ¿Nunca oíste hablar de Ezequiel Zuno?

—No. Pero eres tú.

—Seguro. Soy yo. ("Puede que no entienda, puede

que sí. Debía callarme la boca. Pero son muchos días sin hablar con nadie. A veces hasta veía visiones. No hay nada peor que el desierto alto. Como que está más cerca del sol. Y además duele, porque no es un desierto de a de veras; es una tierra seca que se quedó sin agua por puro descuido. Cuando salté del furgón todavía era seca la tierra.")... No sabes qué bonito sentí cuando entré de noche a Guanajuato y pasé por la presa.

—¿Qué?

—Nada. Tengo sueño. No sé bien lo que digo. Me voy a acostar. ¿No entra nadie por aquí?

—No. Pero si quieres me quedo.

—¿No te buscarán?

—El tío... mi tío, el señor Balcárcel... está en México. No me buscan hasta la hora de la merienda.

—Está bueno... oye, luego te cuento una historia... pero ahora... ("... no ha de saber qué es que lo apaleen a uno... no ha de saber las palabras que le dicen a uno... no ha de saber lo que es aguantarse, con el miedo de ceder por miedo... no ha de saber cómo aguantarse parece luego lo más fácil, y abrir el pico lo difícil... no ha...").

Ezequiel se durmió con las piernas abiertas y la cabeza reclinada sobre el baúl. Soñó con filas de hombres. Era el sueño recurrente, pero nunca lo recordaba después. Allí estaba Jaime, sentado sobre el suelo, con la cara entre las manos, cuando despertó. El muchacho observaba una caja de mariposas fijadas al cartón con alfileres: la manía adolescente, ahora olvidada, de doña Asunción.

("... como un perrito fiel. Mi chamaco de la guarda").

71

—¿Ya descansaste, Ezequiel?

—Ya, mano. Gracias por quedarte aquí.

La luz menguante de la claraboya acarició los párpados aceitosos de Ezequiel Zuno.

—¿Qué horas son?

—Como las seis.

—Pásame la jarra, quieres... ¡Ah! ("¿Qué cosa soñé? Lo mismo, pero ya no me acuerdo").

Zuno se fregó los párpados y estiró los brazos.

—¿Cuánto llevabas sin dormir?

—No. Me echaba mis siestas de perro en el furgón. Pero eso no es dormir, con el olor a res y el calor que hace.

—¿Por qué, Ezequiel?

—¿Por qué andaba escondido? Pues de repente por tarugo. Seguro, todos te dicen: "Quién te manda." Ganas para irla pasando, tienes tu mujer y tus chamacos, que sólo Dios sabe cómo la estarán pasando ahorita... seguro. Pero no eres tú solo. Ése es el problema. Que no está uno solo. Y luego, cuando te le enfrentas al cacique y le exiges que los demás hombres que trabajan contigo en la mina puedan asociarse, y hasta logras unir a los hombres y sacarlos de las ratoneras en una manifestación, pues ya como que no eres tú, sino los demás. Te importa madre la familia y tu pequeño puesto al aire libre, fuera de la mina, y decides jugártela toda. Eso es lo que pasó.

Cuando desapareció la luz del ojo de buey, sólo brillaron las chapas de cobre del cinturón de Zuno. Jaime creyó que la voz gutural salía del estómago, que Ezequiel apretaba un botón de cobre y hablaba.

—Bueno, para qué te cuento. Hay todos esos problemas de la silicosis, y los que se mueren o se enferman a los treinta años y ya sólo sirven de hombres ratas, para explorar las vetas agotadas y vender al precio que gusten pagarles. Entonces, figúrate cuando los organizas a todos y los sacas de noche, con el foco del casco prendido, frente al edificio de la administración. Eso nunca había pasado por allá. Teníamos fama de mansitos. Pero yo les hablé, a cada uno y a todos juntos, para que nos uniéramos para exigir lo nuestro. Los gringos ni se asomaron. Nomás me echaron encima al cacique. Nomás me encerraron y me dieron de palos para que les dijera a los muchachos que regresaran al trabajo. Pero yo ya sabía cómo terminan esas cosas. Aunque hubiera dado órdenes contra la huelga, esos amigos me sacan de noche a correr por el camino y ¡tengan su ley fuga! Por eso me escapé ahorita, chamaco, para poder regresar después vivito y coleando. Para buscar a otras gentes como las nuestras, para que todos juntos...

—¡Jaime!

La voz de doña Asunción bajó por las escaleras de piedra. El muchacho, sentado a los pies de Ezequiel Zuno, se incorporó como un relámpago.

—¿Qué vas a hacer, Ezequiel?

—Tengo que llegar a Guadalajara. Ahí tengo amigos. Pero ahora vete y tráeme mañana más cosas de comer.

—¿Cuándo sales?

—Mañana en la noche. Déjame descansar aquí un día, y luego sigo.

El muchacho tomó las manos del minero:

—Déjame ayudarte.

—Ya me ayudaste, chamaco.

—¡Jaime! ¡Jaime!

—... ahora vete para que no sospechen...

—Te veo mañana antes de irme a la escuela ¿verdad?

—Seguro. Gracias. Córrele.

Ezequiel Zuno volvió a estirar las piernas. Cruzó los brazos detrás del cráneo y respiró la vejez acumulada de la caballeriza. ("¡Ah, qué mi chamaco! Si hace apenas unas horas también creía que estaba solito en este mundo.")

Porque Jaime asciende la señorial escalera con un paso nuevo, sereno y, a un tiempo, inquieto. Las cosas del mundo se fijan, no escapan más a su mano. Ve al Cristo cercano, fijado por los clavos. Ve a Ezequiel Zuno, más cerca todavía, y no mudo como la imagen crucificada. Ve el cirio pascual que se enciende para consumirse. Ve su propio cuerpo de adolescente, de medio-hombre, donde todos los rostros e imágenes —Cristo, Ezequiel, la vela— se anudan y explican la carne del hombre. Toca, al ascender lentamente, el rostro, los hombros, los muslos de Jaime Ceballos: el cuerpo del asombro. En el descanso, los colores barnizados de la Crucifixión se abren en abanico. Y en lo alto de la escalera, la figura de paños negros le espera con impaciencia.

—¡Ve nada más qué facha! ¿Dónde has andado, que parece te revolcaste en el polvo? ¡Jesús me ampare! Tu tío va a llegar. Cámbiate de ropa en seguida. Cenamos a las ocho. Anda, no te me retrases.

. . . .

("Este niño tiene alguna inquietud. Despistará a los demás, pero no a mí.") El licenciado Jorge Balcárcel terminó el desayuno y se limpió los labios con la servilleta. Su sobrino no atendía la conversación. Se ruborizaba cuando le dirigían la palabra.

—Estás decididamente distraído. ¿No tienes que ir a la escuela hoy? ¡Ah!, las vacaciones sólo sirven para ablandar la voluntad. Aprisa, aprisa, joven. ("Le ha cambiado la cara. Se le empieza a hacer de hombre. ¡Ah! Una espinilla en la frente. Otro más, que será como todos. Indisciplinado, mujeriego, levantisco con los mayores... ¡ah!, éste va a saber lo que es disciplina; querrá fumar, beber... querrá coger... se va a topar conmigo... barros, vellos; el asco. Querrá desobedecerme. ¡Ah!, ya veremos.") ¡Rápido, jovencito! No estoy bromeando.

Con torpeza, Jaime se levantó y tiró la silla; se excusó; bebió de pie, ante el ceño fruncido del tío, el vaso de café con leche; tomó la mochila y entró a la cocina.

—¡Apúrate, qué diantre! ¿Qué tienes que hacer en la cocina?

—Un vaso de agua...

—¿Qué no hay agua en la mesa? ("Creerá que esa mochila abultada me despista. Se estará dedicando a alimentar a los pobres de la parroquia. ¿A qué horas le crecieron esas manotas?")

—Perdón. No me fijé.

—No me fijé. No me fijé. A ver si por no fijarte te caes a un barranco. Vamos, que el deber espera. Y cuidado con el tonito de las contestaciones.

—Dije perdón.

—¡A la escuela, he dicho! Insolente. No hay domingo esta semana. Faltaba más.

Jaime cruzó el salón y descendió. En la puerta de

la caballeriza, tocó con los nudillos. No hubo respuesta. Abrió con la respiración cortada. Corrió, nervioso, entre los trastes viejos.

—Eres tú, chamaco.

—¡Ezequiel! Creí que te habías ido. ¿Cómo te sientes?

—Mejor. Me voy a la noche. ¿Me trajiste algo?

—Toma. Por poco me pescan. Es lo mismo de ayer, porque no notan que esto desaparezca.

—¿No se huelen nada tus gentes?

—¡Qué va! Me los tengo dormidos.

—¿Regresas al mediodía?

—Sí; te busco.

—No. Pueden sospechar. Mejor nos despedimos ahora.

—¡No!... Digo, déjame volver.

Ezequiel le mesó el pelo.

—Qué escuincle eres... Si de veras quieres ayudarme, no vengas. Me iré en cuanto caiga la noche.

La fortaleza de un hombre. La voluntad verdadera de un hombre, no esa cosa que predicaba el tío. Eso, que se entiende sin palabras, entendió Jaime al fijar la mirada en la de Ezequiel. No lo quería olvidar, nunca; nunca quería olvidar su historia.

—Un abrazo, chamaco, y gracias por entender y ayudarme.

Nunca lo habían tomado brazos más fuertes. Nunca había olido esa carne escueta: la carne necesaria para cumplir una tarea, ni un gramo más.

—Ezequiel. ¿Cuándo te vuelvo a ver?

—De repente, el día menos pensado.

—¿Vas a ganar?

—Como que el sol sale toditos los días.

—¿Me dejarás ayudarte entonces... digo, cuando hayan ganado y yo sea grande?

La gruesa risa de Zuno acompañó la palmada que le dio al joven en la espalda.

—Seguro, chamaco. Pero ya eres todo un hombrecito. Lo demostraste. Ahora muévete, no vayan a sospechar.

Jaime llegó a la puerta y dijo:

—Soy tu amigo. No olvides.

Y Ezequiel contestó con un dedo sobre el labio:

—Shhh...

Y el tío Balcárcel, al salir el muchacho de la caballeriza, se escondió en el patio y se tronó los dedos.

. . . .

—¡Miren, muchachos!

—¡Un preso!

—¡Y con escolta del ejército!

—Ha de ser asaltante o algo así.

Los jóvenes de la secundaria salieron al zaguán. Tocaba la campana que daba por terminado el recreo, y el encargado del orden gritaba:

—¡En fila! ¡En fila!

Cuatro soldados conducían al hombre con las muñecas prisioneras.

—Miren qué cara de maldito.

Jaime, de puntillas, logró ver el paso del reo; y con el grito ahogado y los brazos y piernas en remolino, se abrió paso entre sus compañeros y corrió calle abajo, entre las sombras y el sol de los muros que arrojaban luces desiguales sobre los cinco hombres que marchaban en silencio.

—¡Ezequiel!

No fue un grito de angustia; fue un grito de culpa. Un grito con el que el muchacho se acusaba a sí mismo. Zuno caminaba con la mirada fija en el empedrado. El sudor había renacido en su frente y en su espalda. Los zapatones de minero pisaban fuerte. Las bayonetas caladas arrojaban rayos de sombra sobre su rostro.

—¡Ezequiel! ¡No fui yo! ¡Te lo juro! ¡No fui yo!

Ahora Jaime corría hacia atrás, dando la cara al piquete. Descendió abruptamente la calleja. Perdió pie y los hombres pasaron a su lado:

—¡No fui yo! ¡Soy tu amigo!

Las botas se perdieron en la mañana. Algunos curiosos rodearon al joven caído, sin ánimo de levantar los brazos de la tierra.

—No fui yo.

5

CADA AÑO de la vida, como el reposo de cada noche, tiene simas de sueño profundo y otras, cimas, de vigilia intermedia. Se pierden, en el recuerdo, horas, días enteros: trozos totales de existencia. La vida en la pequeña capital de provincia, una vez descubierta, tiende a agotar el asombro. Sólo quedan jornadas, páginas aisladas, que se empeñan, como un plomo, en hundirse y echar raíz. Catorce años: el regalo de la Biblia. Quince años: las voces de los que tienen una opinión sobre uno, de los que dicen cosas sobre uno, de los que se sienten responsables del futuro de uno, de los que indican el buen camino: sacerdotes que toman el chocolate con doña Asunción, señoras tiesas que van de visita a la casa, señoritas de mirada púdica que ya son Hijas de María, políticos y hombres de negocios que almuerzan con el tío Balcárcel. ¿Quería gente? ¿Quería presencias interesadas? ¿Buscaba la voz de una estatua de madera barnizada de sangre? ¿Creyó que la única voz humana era aquélla, inolvidable, del minero Ezequiel Zuno? Ahora las voces de cien preceptores gratuitos se ocuparían de Jaime Ceballos. Ahora todas las personas del mundo inmediato de sus tíos se harían escuchar. Don Tereso Chávez, el director de la secundaria, con sus dientes teñidos de halitosis y su fe puesta en el joven estudioso. El padre Lanzagorta, confesor de doña Asunción, que ladraba los sermones y asomaba su perfil de galgo hambriento todos los viernes durante la cena. El señor Eusebio Martínez, dirigente del Partido de la Revolución Mexicana, empeñado en que el licenciado Balcárcel patrocine un frente juvenil para las próximas elecciones presidenciales. Doña Presentación Obregón, que promovía los encierros de Semana Santa, las obras pías, los ejercicios de Corpus, las congregaciones apostólicas, los novenarios por cada difunto ilustre, los rezos en casas particulares, las procesiones del 12 de diciembre y las ceremonias de bendición de animales. Don Chema Naranjo, único competidor de Balcárcel en aquello de comprar lotes y otorgar préstamos a corto plazo y alto interés. Don Norberto Galindo, antiguo villista que se pasó al lado de Obregón después de Celaya y se hizo de un buen rancho a base del abigeato. La señorita Pascualina Barona, eficaz edil de las costumbres: presente en los cines, en los bailes, en los paseos, aun en las calles a altas horas de la noche, en prevención de serenatas, de manos tomadas al través de las rejas, de tardíos retornos a casa: *pince-nez* dorados y bonete negro. El ex diputado Maximino Mateos, que desde Guanajuato conduce su pequeño cacicazgo de tres municipios y mantiene, en la misma escala regional, un complejo sistema de alcabalas cuyo producto encomienda a la guarda y administración de Balcárcel. J. Guadalupe Montañez, primo de la familia, último ejemplar del Antiguo Régimen.

Todos hablan. Todos visitan la casa de cantera de los Ceballos-Balcárcel. (—Jaime hace composiciones primorosas. A veces, a veces, las leo hasta tres veces. ¡Qué ideas tan originales del muchacho! Claro está, faltaría pulir el estilo. He de prestarle, con la anuencia de ustedes, las páginas aprobadas de Don Amado

Nervo, que fuera artífice sumo del buen decir y el mejor influjo para sensibilidades tan exquisitas. —No está de más alentarle la vocación religiosa, doña Asunción. Me han dicho que cita párrafos enteros de las Escrituras. Bien. Pero si se decide, que la vocación sea firme como un roble, capaz de resistir tanta tentación como ha dado en llegarnos. ¡Cuántos seminaristas ahorcan los hábitos el primer año! La Iglesia ha menester de nuevos retoños; el árbol de San Pedro ha sido fulminado por demasiados rayos de impiedad. Hay tantos pueblos sin párroco. Antes no era así, y el pueblo preferido de María Santísima merece otra cosa. —¿Se da cuenta? Éste va a ser el primer gobierno civil desde el del señor Madero, un gobierno de universitarios y hombres jóvenes. Quién quita y su sobrino llegue a diputado. El P.R.M. se va a reestructurar, de acuerdo con la nueva circunstancia histórica de la Revolución, y ahora los civiles vamos a repartir con la cuchara grande. Necesitamos a los jóvenes, y también a la gente de empresa como usted para darle la batalla a la reacción padillista. Se lo digo yo: se acabaron las demagogias rojillas de mi General Cárdenas (aunque él es miembro disciplinado del Partido y sabe acatar los intereses superiores de la Patria). Le pido su consorcio revolucionario para formar el frente de la juventud. Tráigame a su sobrino, que él también ha de ser un cachorro de la Revolución, y no es nomás un decir. —Nos reuniremos en casa el día de la Santa Cruz. Ya mandé imprimir los rezos. Lleva al niño; también se admiten jovencitos de buena familia. De allí saldremos en procesión a San Diego, y luego habrá refrigerios en la sacristía. El año pasado no estuvo tan bonito; quién sabe qué ex Gobernador quiso armar un mitote con la Constitución. Mira nada más, cuánto gobernador comunista y tan ricos que salen. ¡Dios nos coja confesados! —El hijo de Maximino Mateos es un botarate, pero al cabo está bien respaldado. Ya le subí el interés al 40 % semanal, y ni así deja de pedirme prestado. Se lo aviso por si se acerca a usted: 40 %. Por cierto, ¿cómo le está resultando el sobrino? Enséñelo desde ahora a la prudencia y al ahorro, don Jorge. ¿Qué tal si le sale un pródigo como el hijo de Maximino Mateos? —Ahora que su sobrino termine la secundaria, délo de alta. Mándemelo al rancho, y ahí se lo hago un hombre hecho y derecho. —No es por nada, pero la seguí toda la tarde. Ya me dio mala espina que entrara sola al cine. Por algo tiene tal fama de coqueta y cascos ligeros, y mira nomás que es hija de Luz María, ¡cómo no!, de Luz María Orozco, que estuvo con nosotras en las Hermanas del Buen Pastor, pero tú dirás, una cosa es la madre y otra la hija, que se crió en otra época. ¡Ay, si tuviera poder mandaría cerrar cuanto cine haya! Bueno, no es que hiciera nada esta señorita, pero la de besos y cosas inmorales que había en la película. Ya le avisé al padre Lanzagorta, porque la película está en C-1, a ver si la señorita se lo cuenta a la hora de confesarse. Ni te cuento cómo sudé viendo tantísimo beso, pero hice de tripas corazón y me aguanté. Luego, ahí se va sola por esas calles de Dios y averiguar cuántos piropos le echaron, porque yo iba muy atrás y no podía oír, pero ella nada más se dejaba querer por cuanto hombre pasaba. Ni te cuento. Y te digo todo esto porque tú tienes a Jaime en la edad más peligrosa. —No, qué va, las alcabalas no rinden lo que antes. Usted que es de familia antigua se ha de acordar que antes había ricos en cada pueblo, pero con la Revolución todos se fueron a Guanajuato o a México, y en los pueblos no se quedaron más que los pobres. Ahora los pueblos están en manos de los caciquillos del P.R.M. y hay que ir a medias en todo con ellos. ¡Si no fuera por los consejos de usted, estaría en la ruina! Dígame: ¿le va a heredar los negocios a su sobrinito? No, qué va, si usted está retebién todavía, pero más vale prevenir que remediar. —*Dieu et Mon Droit*. Si se tuviese presente esta divisa, cuánta infamia acabaría. ¡Lástima de Jaimito Ceballos! Va a ser difícil que crezca como un caballero. Porque cuando Porfirio Díaz ascendió la escalerilla del *Ipiranga*, emigraron con él el sentido común y el respeto a los derechos privados. Se instauró la vulgaridad y el libertinaje administrativo. Se acabaron la decencia y el orden, sí señor.)

. . . .

Pero el hondo sueño de raíz es otro. Está entre las hojas del libro que el muchacho solicitó como regalo de los catorce años. Balcárcel pensó que leer las Escrituras directamente era cosa de protestantes; Asunción consultó con el padre Lanzagorta y éste dijo que no había inconveniente. La caballeriza empolvada, escenario de los juegos infantiles, se convirtió en el de las lecturas afiebradas, repetidas hasta que las palabras se grabaran en la memoria. Leía en las tardes, a la luz de la claraboya alta; leía hasta que las sombras del bodegón vencían al sol. Y entre las líneas del gran libro ilustrado, de pesadas tapas azules, bailaban imágenes, circulaban otras palabras (escuchadas en su casa, pero que sólo ahora tenían sentido), surgían dudas. Se hacían presentes esas situaciones, antes desconocidas, que sacudían su tranquilidad y le hacían pensar en algo que comenzó a llamar "problemas", semejantes, pero más difíciles que los del álgebra. No obstante, cada hora de lectura lo era de alegría. El mundo quedaba en suspenso. El universo era sólo este joven, con la espalda apoyada contra el baúl y el libro entre las rodillas. Era él y las palabras suficientes. *Yo he venido a arrojar el fuego sobre la tierra. ¿Y qué he de querer sino que se encienda? Tengo que recibir mi baustimo, ¡y cómo me sentiré constreñido hasta que lo cumpla!* Eran las palabras de Jesús, repetidas aquí mismo, donde, en la misma posición, había estado Ezequiel Zuno. El fuego sobre la tierra. ¿Cada hombre traía su hoguera al mundo? ¿Ser hombre no era, como las vidas de sus familiares, la tranquilidad, sino como la de Ezequiel, el fuego? *¿Pensáis que he venido a traer la paz a la tierra? Os digo que no, sino la disensión. Porque en adelante se dividirán las casas; se dividirán el padre contra el hijo, y el hijo contra el padre...* Divididos por el otro hombre, por el hombre que está afuera. Por el que llegó de muy lejos. *Si alguno quiere venir en pos de mí, niéguese a sí mismo, tome cada día su cruz y sígame. Porque quien quisiera salvar su vida la perderá; pero quien perdiere su vida por amor a mí, la salvará.* El minero Zuno, entre las letras de la Biblia, volvía a recibir la comida y volvía a relatar la historia de su lucha. Jaime cerraba los ojos y escuchaba todo de nuevo. Escuchaba las palabras de Zuno, y después la botas duras sobre el adoquín. ¿Lo encontraría otra vez, para unirse a él, dejarlo todo y seguirlo? Delatado. Delatado. Era otra palabra nueva, una palabra que negaba las tres palabras que leía. *¡Ay de vosotros, escribas y fariseos, que diezmáis la menta, el anís y el comino y no os cuidáis de lo más grave de la Ley: la justicia, la misericordia y la lealtad!*

Entonces le llamaban al rosario de las siete, en la alcoba principal, junto al piano de marquetería. Entonces se hincaban su padre y los tíos, a veces doña Presentación Obregón y la señorita Pascualina; el viernes el padre Lanzagorta dirigía las oraciones. Doña Asunción encendía las velas. Y mientras las voces repetían una y otra vez las palabras aprendidas —*"llena eres de gracia, el Señor es contigo", "y líbranos de todo mal"*—, o el rezo especial de una festividad de calendario —*"apártate Satanás, que de mí nada tendrás", "mira que te has de morir, mira que no sabes cuándo"*—, o el himno de las procesiones —*"amparadme y llevadme a la corte celestial"*—, el joven, arrodillado, siempre cerca de las cortinas donde temblaban las sombras del candelabro, luchaba con palabras distintas al sonsonete del rosario: *"¡Ay de vosotros, fariseos, que cerráis a los hombres el reino de los cielos! Ni entráis vosotros ni permitís entrar a los que querían entrar."* Y regresaban, mientras las teclas del piano se movían solas, las palabras de su tía el Sábado de Gloria (*Für Elise*... *"Es que ella no era como nosotros"*) y el murmullo del *ora pro nobis* se apagaba en los labios rectos del tío Balcárcel, que en su lugar decían: *"¡Oh Dios, te doy gracias de que no soy como los demás hombres, rapaces, injustos, adúlteros, ni como ese publicano."* Era su madre. Hablaban de su madre. *Ella* era su madre. Su madre y Ezequiel Zuno, los de afuera, los publicanos, los pecadores, todos los seres a los que la familia Balcárcel Ceballos había negado la entrada al cielo.

Terminaba el rosario. La señorita Pascualina hablaba de una pareja a la que había encontrado besándose en un callejón. El padre Lanzagorta se congratulaba de que aún hubiese unas cuantas familias capaces de dar el buen ejemplo. La señora Presentación recordaba a todos que mañana era día de vigilia. Se apagaban las velas, se encendían las luces, y merendaban en el comedor de terciopelo verde.

—¿Hace cuánto que no confiesas, niño? —preguntaba Lanzagorta.

—Un mes, padre.

—Te espero mañana en la tarde.

—Sí, padre.

. . . .

—¿Cuántas veces?

—Cinco... seis... no me acuerdo...

—¿Con quién?

—... solo...

—¿Nunca has estado con hembra?

—... no...

—El más grande pecado. La ofensa que más hiere a Nuestro Señor Jesucristo. Siente la vergüenza, llora de vergüenza porque has ofendido la pureza del Niño Jesús. ¿Te atreverías a contarle estas porquerías a tus tíos, a ellos que te tienen por el joven más puro del mundo? Pero detente ahí. Reza un Padre Nuestro cuando te venga la tentación. Detente ahí. Oféndete a ti mismo, en todo caso, pero no te ensucies nunca con una mujer pública. Siente vergüenza y desprecio. Piensa que en vez de tu torpe delectación podrías servir a la Iglesia. Piensa que podrías consagrar tus energías malvadas al pastoreo de las almas. Convéncete. Pero si no has de convencerte, ten la voluntad de no pecar más contra un mandamiento sagrado y expulsa de tu mente enferma esas visiones obscenas. Te prohibo pensar en un cuerpo desnudo. Te prohibo pensar en una mujer. Te prohibo pensar en los placeres de tu propio cuerpo. Extirpa de tu cabeza...

—Padre, dígame qué debo hacer...

—Reza, reza, y aparta de tus pensamientos a las mujeres.

—Quisiera una mujer, padre, le confieso eso también. Siempre la quisiera.

—Pecas doblemente, y tu penitencia será doble. ¡No vuelvas por aquí mientras no te arrepientas sinceramente! Hablaré con tu tía...

—Usted no puede...

—Yo salvo a las almas con todos los medios. No te daré la absolución. Es como si hubiéramos estado platicando.

....

El destino ajeno es tema preferido de las tertulias provincianas. Si se trata de un destino sobre el que es dable influir, el interés se duplica. Si el destino influble es el de un adolescente, el interés se convierte en deber. Y si el adolescente es de inclinación rebelde, el deber amenaza con asumir las proporciones de la cruzada. Las familias se conocen; se han conocido durante varias generaciones.

—Es cierto —suspira doña Presentación—; las cosas han cambiado.

—Antes las clases se distinguían más —dice la señorita Pascualina—. Ahora hay mucha revoltura.

Asunción levanta los ojos del bordado.

—Por eso mismo, como dice el Padre, las familias conocidas deben estar más unidas que nunca.

Son catorce señoras que dedican las tardes de los jueves a bordar servilletas, manteles y almohadas que luego entregan a un cura. El lugar de reunión suele variar semana a semana. Todas las damas, por necesidades de supervivencia, frecuentan a las esposas de los hombres ricos de la Revolución. Sólo estas tardes de jueves han reservado a la estricta intimidad de antaño. El linaje más reciente data del Porfiriato. El más antiguo no desdeña el recuerdo del encomendero colonial. Asunción Ceballos de Balcárcel, de la minería y el comercio, se siente en el justo medio de la distinguida laboriosidad.

—Dicen que el servicio en México está imposible.

—Mi nuera le paga doscientos pesos al mes a su cocinera.

—¡No es posible!

—¿Te acuerdas del joven Régules, el hijo de aquel comerciante? Bueno; pues ahora que estuve a pasar las posadas en México fui a visitarlo, y su mujer me dijo que nada más de puros criados gastan tres mil pesos.

—¡Al año?

—¡Qué esperanzas! Al mes, al mes.

—¡Chst! Que no te oiga la criada. Por fortuna aquí todavía son dóciles. Dicen que en México...

—Y luego los muchachos quieren irse a buscar fo₁

tuna a México. Si yo siempre digo que como las comodidades de Guanajuato no hay dos. Tan bonito que es fundar un hogar donde todos lo conocen a uno y hay verdadero calor.

Bordan. Se sientan en círculo. Las salas de reunión varían, mas no el trazo esencial: salones largos y estrechos, balcones enrejados, muebles de alto respaldo con mantelitos de croché sobre los brazos, mesas altas con loza de mármol, estatuaria de bronce: Victorias Aladas, descalzas campesinas españolas, Dante y Beatriz. Candiles más o menos suntuosos. Criadas de trenza y delantal.

—¿Qué planes tienes para tu sobrino, Asunción?

—¡Ay!, si apenas va a terminar secundaria.

—¿Qué edad tiene?

—Acaba de cumplir los quince, bendito sea Dios.

—Está muy guapo el muchacho. El otro día lo vi en la calle.

—Sí, bendito sea Dios.

—... pero qué raros amigos le escoges.

—¿Amigos?

—Sí. Uno como indio; bueno, un peladito, de veras. Muy abrazados y toda la cosa.

—Te juro que hasta ahora me entero, Pascualina. Será algún compañero de la escuela.

—Nada más te lo cuento para que te enteres. Luego los muchachos no saben escoger bien sus amistades. Una mala amistad es la perdición de un muchacho joven.

—Pues mis hijos se han cansado de convidar a Jaime a la casa, y nunca se ha dignado...

—Es como muy enconchado, ¿verdad?

—¿Te acuerdas de cuando fue a la fiesta de las muchachas?

—¡Cómo no me he de acordar! Si es un milagro que ese joven vaya a algún lado. Todo Guanajuato lo comenta.

—No sabes, Asunción, cómo aburrió a todos. Le dio por hablar de unos libros rarísimos y luego se puso muy altanero, y les dijo a todos que eran incultísimos y frívolos, o algo así.

—De veras, todos dicen que es lo menos sociable.

—Ya se le quitará, Dios mediante.

—¿Cumple con sus deberes religiosos?

—Cómo no. Ya sabes que mi marido es muy estricto en eso.

—¿Con quién lo mandas a confesar?

—Antes iba con el padre Lanzagorta, pero ahora lo dejé pasarse con el señor cura Obregón, con el que confiesan casi todos sus compañeros.

—No, si sólo lo digo porque el hijo de Refugio mi sobrina llegó escandalizado el otro día. Figúrate que Jaime se levantó en plena clase a decir que todos los católicos... Bueno, es que es espantoso. Hasta me da vergüenza repetirlo.

—Dí, dí, mujer.

—Asunción tiene a su cargo la educación moral del chico. Anda, dí. Debe saberlo.

—Pues que todos los católicos éramos unos hipócritas.

—¡Oh!

—Válgame, Presentación. ¿Quién le habrá metido esas ideas?

—Ves lo que te digo. Las malas compañías.

—Y las malas lecturas.

—¿Por qué no lo metes a la Acción Católica? Yo he tenido hijos de esa edad, y sé cuánto ayuda eso a su formación.

—Los muchachos necesitan consejos espirituales.

—Se llevan con muchachos de medio pelo, luego leen libros prohibidos, se enredan con mujeres y acaban con ideas disolventes.

—Ya ves, ya ves, el hijo de Luisa Ortega se hizo comunista.

—¡Oh!

—Todo por mandarlo a los dieciocho años a estudiar a México. Ahí están los resultados, para que vean.

—Recuerda cómo fueron criados nuestros hermanos, Asunción.

—Sí. Tienes razón.

—Bueno, francamente, tu hermano no es ningún ejemplo, Asunción. Y perdona la franqueza, pero para eso somos. . .

—Por Dios, Pascualina. Si ése ha sido mi viacrucis.

—¡Cómo se fue a casar con esa mujer!

—De casta le viene al galgo.

—Jaime no conoció a su madre. Lo hemos criado nosotros.

—¡Ay, hija! La mala sangre se hereda de todos modos.

—¡Librada! Prende la luz. ¿No gustan un refresco?

El sol desciende y los dedos de las señoras trabajan con segura rapidez el bordado. Todas afectan ropa un poco pasada de moda. El rostro colectivo es de una blancura cerosa. Todas bordan con las rodillas muy juntas.

¡Qué emoción secreta y contradictoria embarga a doña Asunción cuando el padre Lanzagorta le habla, con ávido eufemismo y fórmulas del deber sacro, de su plática con Jaime! Cuando el cura, arrastrando su sombra de can famélico, sale de la casa, la señora repite una frase sin sentido: —Que nunca crezca mi niño... y al darse cuenta de que carece de sentido, su alegría es interna y vergonzante. Busca en el espejo alguna seña exterior de sus sentimientos, como en el rostro del joven el signo de la hombría; persigue los pasos de Jaime, multiplica la ternura. Ahora se asoma a uno de los balcones de la estancia y separa la cortina: Jaime y Rodolfo Ceballos salen de la casa y caminan hacia el centro de Guanajuato. Pálida, luna detrás de los velos oscuros, Asunción no dirá nada a su marido. No repetirá las palabras del cura. No hablará de los encuentros, cada vez más raros, de padre e hijo. No mencionará el nombre —Juan Manuel Lorenzo— del estudiante pobre que se ha convertido en el mejor amigo de Jaime. No se referirá a los libros que el muchacho mete de contrabando a la casa. Se siente, como nunca, mujer: quiere dejar correr las cosas, hasta su fin natural. No quiere prever. No quiere reunir los hechos en reflexión. Ve alejarse, detrás de la cortina, al padre y al hijo, y sus ojos turbios reflejan la emoción, y las contradicciones.

—¿Qué hace el tío, papá?

—¿Qué hace? Trabaja...

—José Mateos, uno de mis compañeros, dice que el tío le roba dinero a su hermano mayor.

—Mentiras, mentiras. ¡Cómo va a ser! Tu tío es rico, no necesita...

—Que le presta dinero y luego le cobra dos veces más.

—Yo no sé nada, te digo. Yo sólo me ocupo de lo mío.

—Papá, dígame. ¿Quién delató a Ezequiel?

—¿Ezequiel? ¿Quién es ése?

—El minero que estaba en el cuarto de los tiliches, no se haga usted.

—El prófugo. Acabáramos. Yo no sé. Llegó la policía. Yo estaba en la tienda. Me contó tu tía.

Caminan el padre obeso, cada día más cansado, con el sombrero de fieltro clavado hasta las orejas, y el hijo esbelto, nervioso, que no sabe dónde meter las manos o colocar los pies. Le han crecido tanto, tan rápido. Se abotona y desabotona el cuello de la camisa blanca.

—Hace mucho que no andábamos juntos, como cuando eras niño. ¿Te acuerdas? ¿Por qué no vamos a la Alhóndiga?... Te repetiré la historia del Pípila. Te encantaba...

—Ahora me interesan otras historias.

—Tente en paz, por Dios. Yo no sé nada, ya te dije. Al prófugo lo agarró la policía. Tu tío es un hombre muy trabajador y honrado, y gracias a él...

—¿Y la historia de mi mamá? ¿Por qué la abandonó usted? ¿Dónde está? Yo quiero conocerla.

El terror que paralizó, durante un segundo, a Rodolfo Ceballos, fue apenas preludio del terror que lo lanzó calle abajo, de regreso a la casa, con el rostro convertido en una galleta de harina quebradiza. Jaime lo vio alejarse. El pañero se decía: "Eso no pasó.

93

No pasó nunca." Él mismo no sabía si hablaba del instante pasado, o si hablaba de lo ocurrido dieciséis años antes.

Queda la tibia tarde por delante. Quedan muchas. Los aborrecibles compañeros de la secundaria. Las horas de soledad. Los nuevos libros que le ha prestado Juan Manuel Lorenzo. El libro preferido, el de las tapas azules. Y ahora esos grabados de Goya, *David Copperfield*, *Crimen y Castigo*. Lo detiene el mentado José Mateos, con la cara llena de barros y el pelo envaselinado. —Ora, vente con los cuates aquí, al callejón. Vamos a hacernos unas pajas en hilera cuando salgan las muchachas—. Jaime clava las manos en los bolsillos y camina por el Jardín de la Unión y sus laureles cuajados de pajarillos chirriantes. Se pierde en los barrios más estrechos de la ciudad en forma de serpiente. Plazuela del Baratillo. Callejón de la Cabecita. Callejón de Mexiamora. Callejón del Hinojo. Lucha contra el peso aplomado que le desciende de la garganta al pecho. Lucha contra el rencor, el odio y la rebeldía. Lucha contra toda la vida provinciana, contra los chismes y las buenas intenciones y los sanos consejos, contra el cura Lanzagorta, contra el que entregó a Ezequiel Zuno, contra la señorita Pascualina, contra su padre, contra sí mismo. Se cansa caminando por los callejones empinados. Su espíritu vuela hasta el humor de Mr. Micawber, encarna la figura sombría de Raskolnikov en un desván de Moscú, se postra en el huerto de Getsemaní, baila en un acuatinta goyesco: late su corazón a esos ritmos, porque cree que puede serlo todo, que la incógnita del futuro sólo puede ser una afirmación, que la juventud es el aviso de la gloria: y toca su cuerpo, y

94

siente haber ensuciado esa piel deslumbrada que descubrió en los actos de la Semana Santa. Arrastra su propio cuerpo —minutos antes glorioso— como un trofeo corrompido. Había prometido, esa tarde, ir a confesar con el padre Obregón. No lo hará. No confesará más. Irá directamente a Cristo. Comulgará con la tía Asunción, mañana, pero no confesará más. No será juzgado, para no juzgar. No condenará, porque no permitirá que lo condenen. Volverá a salir con su padre a las fiestas y romerías.

Así puede pasar un año.

6

¿Qué era un año? Las estaciones mexicanas, casi indistintas, que casi no se sienten correr. La lluvia del verano, el olor a humo del otoño, el invierno asoleado y seco, las nubes rasgadas de la primavera. Sentarse en el parque, o en el zaguán de la casa, durante los meses de vacaciones. Ver pasar, con un libro de aventuras entre las manos. Aprender las clases del nuevo año escolar. Tratar de acomodarse al trato de los maestros. Descubrir de nuevo a los compañeros cambiados por la separación de las vacaciones.

—Yo estuve en el rancho.

—Yo fui a México. ¿A que no saben? Mi primo me llevó a una casa...

—Aprendí a montar.

—Ya me harté de la escuela. El año entrante entro a trabajar con mi viejo.

—¿Nunca has cogido, Ceballos?

Un año era resistir las invitaciones del furunculoso Pepe Mateos a tomar una cerveza o visitar un burdel. Un año era el rosario de actos de contrición en la recámara. Un año era la repetición solitaria de las grandes palabras cristianas.

. . . .

Los habitantes de la casa escuchan la noche de abril. Los muros conservan aún la templanza tibia del día. A todas las recámaras llega el martilleo lejano del gran reloj de la sala: uno, dos, tres, hasta doce rumores metálicos que cada cual, en su cama, reproduce mentalmente en una danza de crinolinas y pelucas blancas: las doce figuras de porcelana que al sonar las horas abren las puertas de laca y hacen la ronda del viejo reloj, traído desde Madrid por el fundador Higinio Ceballos. Los habitantes saben que, en seguida, los campanarios nocturnos de Guanajuato reproducirán el aviso de la medianoche. El reloj de la casa, desde los tiempos de don Higinio, se adelanta tres minutos. Sólo Jaime Ceballos piensa, al mismo tiempo, en el cuadrante de sol, velado por la luna, que marca un tiempo distinto en un rincón del patio húmedo.

Sobre éste dan su alcoba y la de los tíos. La de Rodolfo Ceballos está trepada en la azotea. Jaime se aprieta contra la pared encalada del cuarto largo y angosto. Ha dejado la puerta abierta y huele la noche saturada. Un olor herboso asciende del patio. Pero más fuerte aún llega el perfume de campo y bosque de las ciudades vecinas a la tierra. Entonces el reloj de gajos de sombra vuelve a apoderarse de la imaginación del muchacho, y su tiempo se desdobla: las horas del sol, contadas; las horas de la luna, perdidas, que él quisiera recoger. La música nocturna también llega a la gran recámara del matrimonio. La amortiguan las cortinas de terciopelo, el canapé de seda, el piano de marquetería, el alto dosel y los mosquiteros de la cama de cedro. La flauta incendiada de la naturaleza primaveral sopla en los oídos de Asunción Balcárcel; abre los ojos y siente el cuerpo pesado y dormido de su esposo. El piso de la recámara de Rodolfo es de tezontle: la noche pertenece a las hormigas que cruzan rápidamente entre las patas de la cama de fierro. Rodolfo sabe que están allí y cree escucharlas; bosteza y se cubre las espaldas con la frazada. El día ha sido caluroso, pero la lluvia vespertina lo ha refrescado. La noche vuelve a ser tibia, anuncia la mañana. Los cuerpos, no obstante, sienten frío.

Una mosca zumba cerca de la oreja de Jaime. El muchacho da un manotazo y vuelve a apretarse contra el muro. La cama fue colocada de esa manera para que el niño no se cayera durante la noche; antes, también rodeaban el lecho de sillas y cojines. Piensa que ahora ya no hace falta. Tiene dieciséis años, y las frases moduladas de la noche suntuosa, rica de pobladores menudos, invaden su cabeza con formas sensuales bañadas en el olor de fruta, de tierra húmeda, de viento caluroso.

La recámara de la azotea. Rodolfo saca los brazos de las sábanas y los cruza sobre el pecho. Quiere quitarse la camiseta empapada de sudor, pero siente pereza y miedo a un catarro. Se lleva los dedos a los ojos y se dice que miente; que no puede dormir porque está oliendo ese viejo perfume, más tenaz que el olvido, de su mujer. Repite los gestos y los movimientos. Busca con los dedos a la compañera recostada, ahueca las manos como para recibir el agua de un manantial. Lo hace desde que Jaime habló de ella y la volvió a despertar en la piel del padre.

La alcoba principal. Zumba el abejorro amarillo y Asunción despierta con la boca abierta y las manos prendidas al pezón casi virginal. No quiere hacer ruido; aparta el mosquitero y camina hasta el espejo de cuerpo entero. Se observa, adormilada pero urgida, con el pelo castaño que le cae hasta la cintura, con las mejillas escondidas por el sueño bochornoso. Se dice que es guapa y joven todavía. Se desabotona el corpiño y muestra al espejo los senos redondos, tersos, apenas tocados. Ningún niño se ha prendido a ellos. No sabe, después, por qué mete los brazos bajo el camisón a la altura del estómago y lo hincha hasta rasgarlo. Da la espalda al cristal y mira el cuerpo dormido de Jorge Balcárcel, brumoso entre las redes blancas. El gemido de Asunción no lo escucha nadie; y nadie ve sus caricias desesperadas sobre el vientre y los pechos. La mujer recuerda al muchacho dormido en la pieza contigua y arde en deseos de correr a verlo.

El amanecer gris se levanta desde las baldosas del patio. El joven empapado de su amor solitario yace boca abajo y cierra con todas sus fuerzas los ojos adoloridos. Aprieta los puños y murmura una y otra vez: "... mas no nos dejes caer en la tentación, amén". La vergüenza le sube desde las plantas de los pies. Siente su cuerpo como una arena negra. Se incorpora y después se hinca y abre los brazos en cruz. Pero las palabras no le salen, y su dramática postura acaba por parecerle ridícula. Entonces separa la cama de la pared y la coloca a la mitad de la recámara.

El ruido de la pieza vecina despierta con un gruñido al tío Balcárcel. El mosquitero le cae sobre el rostro. Lo separa, abre los ojos y ve a Asunción dormida. ¿Qué ruidos está haciendo su sobrino a estas horas? Balcárcel suspira y se acaricia la barba naciente. Piensa en el futuro de Jaime. Varias personas le han dicho que el padre y el hijo van juntos a toda clase de fiestas populares. Varias personas le han prevenido contra el muchacho de la Preparatoria que se ha convertido en el amigo inseparable de Jaime. Balcárcel se dice que a los muchachos hay que protegerlos contra su propia inexperiencia. Se dice que la vida moderna está llena de peligros y busca la escupidera de cobre debajo de la cama. Y Jaime —se dice, al escupir la misma gruesa flema de todas las mañanas— es necesario a la tranquilidad de su hogar; es todas las cosas que él no pudo darle a su mujer. Jaime es el hijo —ahora se alacia el pelo revuelto y escaso y siente un pergamino en la lengua—, y el hijo que por no ser de ellos debe ser cuidado y encadenado a ellos con más fuerza y decisión que si hubiese nacido del vientre de la mujer dormida. Pero cuando deja caer su cabeza cuadrada sobre la almohada y se dispone a dormir plácidamente, Jorge Balcárcel no se engaña y sabe que la idea de un adolescente, de un hombre intermedio, le da asco, que no puede soportar el pensamiento de un sexo nuevo, que el amor naciente le llena de confusión. El probo político y banquero se entretiene con una serie de visiones obscenas que quiere y no quiere apartar del pensamiento, hasta que Asunción se remueve en el lecho y abre los ojos y aprieta los labios.

—¿Estás despierto? —le dice a Balcárcel.

—Ya van a dar las seis —responde el marido y se rasguña la mano con la barba entrecana.

La mujer se sienta y coloca los pies en las babuchas rojas. La luz empieza a entrar, azulada, por los resquicios de las ventanas. Se cubre con un chal de lana y husmea los humores enclaustrados de la noche. Sale al corredor que circunda al patio. Desciende la escalera de piedra y aspira la concentración de la mañana en el patio gris. Toca en los vidrios de los cuartos de servicio. Entonces se lleva la mano al pecho y abotona apresuradamente el camisón hasta la garganta.

· ·

La tía y el sobrino han regresado de la misa matutina de San Roque. La primera mitad, casi vacía, de las bancas, ha sido ocupada por media docena de personas decentes. En la segunda mitad rezaban las viejas desdentadas y sofocadas por trapos oscuros, se cruzaban de brazos los campesinos vestidos de azul, con los ojos pardos y los pies embarrados de lodo quebradizo. Doña Asunción recorrió las cuentas del rosario acariciándolas como perlas. En las bancas de atrás, las viejas las pesaron como granos de maíz, como si fuesen la parte más rica de su esencial pobreza.

Ahora todos se han reunido en el comedor sombrío bajo la lámpara verde. La criada ha colocado una fuente de papaya, limones, plátanos fríos y membrillos olorosos sobre el mantel de terciopelo verde. Jaime ha acercado un membrillo a la nariz y lo ha tenido allí largo rato. El tío Balcárcel ha apretado los labios y arqueado las cejas para exprimir un limón sobre la rebanada color de rosa. Rodolfo ha colocado la servilleta entre la camisa y el cuello, y se ha cubierto los labios con la mano al escupir las pepitas. La tía le ha indicado a Jaime con un gesto que se limpie el ojo derecho. Sabores de tocino frito y de chorizo.

—Deja ese membrillo y come —carraspeó el tío Balcárcel—. Decididamente noto flaco a este muchacho.

—Está creciendo —dijo la tía.

—Debería hacer ejercicio. ¿Qué haces en tus ratos libres?

—Tengo mucho que leer, tío.

—No hables con la boca llena—. Balcárcel mantenía una postura tiesa y digna en la mesa, como para contrastar con la blandura informe de Rodolfo. El puño cerrado de la mano izquierda se posaba con autoridad sobre el mantel, y de vez en cuando sacaba el reloj del chaleco y arqueaba las cejas. —Rodolfo, no quiero pasar por encima de tu autoridad, pero estimo que ha llegado el momento de hablarle claro a Jaime, puesto que ya no es ningún niño, sino un hombrecito de dieciséis años.

El comerciante gordo puso cara de circunstancias y dejó los cubiertos. "Hablarle claro": Jaime no se atrevió a decir que lo deseaba, que quisiera decir y entender claramente todo.

—La vida moderna está llena de peligros —continuó Balcárcel desde su tiesa postura patriarcal. En nuestra juventud, el medio ambiente ayudaba a que los jóvenes anduvieran derechitos. Pero hoy, según me cuentan, en vez de hacer una vida disciplinada, andan sueltos como cabras, viendo cosas que no debían y leyendo libros que no debían. Ahora se dice que lo mejor es dejar sueltos los instintos y conocer la vida. Pues no, señor. Yo digo que no. Los instintos son para los animales; los hombres se controlan y disciplinan.

Balcárcel paseó su mirada rígida y triunfante por la mesa. Jaime bajó la cabeza.

—Veo que te afectan mis palabras, jovencito —dijo, sonriendo, el tío—. Más vale. A ver, ¿qué libro estás leyendo?

—Una novela.

—Una novela. Muy bien. ¿Cómo se llama?

—*El rojo y el negro.*

—Asunción, me harás el favor de confirmar con el padre Lanzagorta que ese libraco está en el índice, y luego Jaime tendrá la corrección de entregarte su ejemplar. Prosigamos. ¿Quién es tu mejor amigo?

—Un amigo... de la Preparatoria.

—¿Cómo se llama?

—Juan Manuel.

—¿Juan Manuel qué?

—Juan Manuel Lorenzo.

—Asunción: ¿tú conoces a alguna familia amiga que se apellide Lorenzo? Yo tampoco. Y te diré por qué. Porque es una familia de campesinos, y porque su hijo estudia aquí gracias a una beca del gobierno.

—Hijito, deberías tener más cuidado con quién te juntas... —dijo doña Asunción, colocando la mano sobre el hombro de Jaime. El muchacho estaba encendido, buscando palabras con las cuales contestar al tío, implorando la intervención protectora del padre, Rodolfo; pero éste permanecía con las manos sobre el regazo y una mirada de respeto y atención.

—No he terminado —sentenció el tío con un dedo rígido—. Y aquí, decididamente, entra la responsabilidad de usted, Rodolfo. ¿Les parece a ustedes correcto que un muchacho en plena formación ande mezclándose con el más bajo pueblo en toda clase de romerías y fandangos populares? Al principio toleré esto, pues al cabo Jaime era un niño. Pero ahora que tiene dieciséis años, decididamente no me parece tolerable que ande por ahí, expuesto a toda clase de tentaciones, rozándose con mujerzuelas, en fin... Y lo peor del caso es que usted lo acompaña, Rodolfo, y por algo nunca nos lo había dicho. Perdone mi brutalidad, pero ¿ya ha llevado usted a su hijo a un prostíbulo?

La exclamación de la tía fue paralizada por la mano retórica de Balcárcel: —Estimo que la franqueza es necesaria. Todo hogar necesita un jefe, y yo voy a hacer sentir mi autoridad en éste. Mi primera regla será que Jaime, como todos los jóvenes de nuestras familias, llegue casto al matrimonio y no conozca a otra mujer que la que Dios le depare. De manera que se acabaron las lecturas licenciosas y los amigos de otras costumbres, y en una palabra, la falta de decoro.

Mientras hablaba el tío, la vergüenza oscura del joven iba hundiéndosele más en el pecho. Ira, también, porque Rodolfo permanecía mudo. La defensa que el joven esperaba no hubiese sido oral, sino activa y tajante. Una defensa que le hubiese dicho a Balcárcel: "Éste es mi hijo." Nada más. La vergüenza de Jaime era por él mismo, pero también por el padre que lo había abandonado. El silencio que atravesó las miradas cruzadas de padre e hijo fue suficiente. Rodolfo volvió a bajar la vista, y Jaime arrancó por fin, de su propia vergüenza desamparada, las palabras que quería decir: —¿Es así como me habla usted claro? ¿Con mentiras?

El tío disparó el brazo. —¡Fuera de esta mesa! ¡A su cuarto, jovenzuelo! A su cuarto y sin comida, a ver si con el ayuno se le quita a usted lo nervioso y grosero. Si su padre no es capaz de disciplinarlo, yo le demostraré que en esta casa hay autoridad y respeto a los mayores.

Balcárcel se limpió los dedos con la servilleta; Jaime

se puso de pie y solicitó el amparo de su padre, de la tía. Los dos bajaron las miradas y el muchacho caminó hasta la pieza estrecha y blanca donde la criada había vuelto a colocar la cama contra la pared.

Olores de desayuno provinciano, abundante. Todos comían en silencio los huevos con chorizo y Asunción trataba de sonreír:

—Quiero decirte que tus primas andan queriendo sonsacar a la cocinera. Quiero que hables con ellas, porque yo sin Felisa no puedo con esta casa.

Balcárcel asintió, volvió a consultar el reloj y salió del comedor. Los hermanos siguieron comiendo.

—Mañana es el aniversario de papá —dijo Rodolfo.

—Sí. Habrá *Te-Deum* a las diez. Oficiará el padre Lanzagorta.

—Eso que dijo tu esposo... que Jaime y yo...

—Ya lo sabía.

—Antes, ¿sabes?, era muy bonito. Ahora ya no tenemos nada que decirnos. Caminamos en silencio.

—Sí.

—Desde que él... Asunción, ¿cómo lo supo? Me habló de Adelina; me dijo que la había abandonado.

—¡Quedaste en no mencionarla, nunca!

—Yo no... no sé cómo se enteró. Pero es tu culpa; sí, ¿por qué la abandoné? Es tu culpa.

Afuera, chirrean los pájaros y los nuevos nidos se abrazan a las ramas de los fresnos tupidos de la primavera y las viejas salen de San Roque arrastrando las piernas y los vendedores de frutas y dulces cantan sus colores. Un gallo sultán se pasea en silencio por la cornisa ancestral, al filo del aire, señoreando el gallinero manso. Su cresta se eriza como un capote de fiesta.

—... y me hace tanta falta el muchacho, Asunción. Fíjate que no me queda otra cosa.

En su recámara, Jaime alimenta y acaricia el silencio; se dice las palabras mudas del adolescente herido; se atreve a discurrir los proyectos de fuga y rebeldía. Son los nudillos de la tía Asunción los que tocan al visillo de la alcoba. El desayuno ha concluido. Don Jorge Balcárcel ya está sentado en el sillón de cuero de la oficina, afirmando su autoridad sobre los débiles y su benevolencia hacia los poderosos, Rodolfo Ceballos ya abrió la vieja tienda frente a San Diego y se dispone a desenrollar un corte de pana. Los nudillos vuelven a sonar; entra la mujer blanca, con el pelo restirado en el chongo, con el traje negro y la mirada ansiosa. Viene a que Jaime la quiera, y él lo sabe. Viene a exigir que le entregue su adolescencia solitaria, a ella o a nadie. El joven permanece sentado en la cama angosta; Asunción le toca una mano.

—No estés triste. Tu tío es un poco severo. Pero sólo piensa en tu bien.

Y como el muchacho no sabe qué responder, añade:
—Quiere que seas un hombre recto y limpio, como él y todos nuestros antepasados. Porque ya casi eres un hombre, ¿verdad?, y los hombres están expuestos a muchos peligros. Tu tío y yo queremos evitarte el dolor. Queremos prevenirte con nuestra experiencia.

Asunción suspiró y juntó las manos. —Pronto sentirás... deseos, de conocer mujeres. Te pido que tengas paciencia y que esperes a poder formar un hogar cristiano. Seis o siete años no es mucho tiempo, ¿verdad? Tu tío y yo te ayudaremos a encontrar una mujer buena. Fíjate en el error de tu propio padre...

—¿Cuál? —dijo, con súbito dolor, el joven.

—Tu madre no era una mujer de nuestra clase...

—¿Y de qué clase soy yo? —preguntó Jaime con una mueca que delataba el asco que le producía la mentira dicha con semejante convicción.

La tía se irguió hasta su postura habitual, la postura heredada de la tiesa Guillermina. —Tú eres un Ceballos. Los Ceballos siempre han sido paradigma de caballeros... de gente decente.

De haberle dado la cara, Asunción habría adivinado en los ojos de su sobrino una burla adolorida.

—Una mujer honrada es más difícil de encontrar que una aguja en un pajar —sentenció la tía—. Por eso debes fiarte de la mujer que tu tío y yo te escojamos cuando llegue el momento. Debes guardar tu pureza como un tesoro para la madre de tus hijos. Las otras mujeres... —palideció doña Asunción y se detuvo unos instantes— ... las otras mujeres contagian enfermedades incurables... o van detrás del dinero, como tu...

Se detuvo nuevamente, turbada, y abrazó al joven que, sin sospecharlo ella, sacaba de la lección conclusiones harto distintas a las que la señora quería inculcar en su ánimo. —No quise decir eso. Trata de entenderme; es por tu bien —balbuceó Asunción mientras acariciaba la cabeza de Jaime—. Queremos evitarte los peligros y los errores de la juventud. Tú eres muy bueno; deberías tener más desconfianza en la vida. La gente no es buena. ¡Siempre me tendrás a mí para aconsejarte! Ninguna mujer te querrá nunca como tu mamá Asunción.

Y Jaime, acariciado por la mano femenina, dijo por primera vez, sin pensarlo siquiera: —Sí, tía —a quien siempre había llamado "mamá". Acaso sintió el extraño temblor, mezcla de alegría y pena, con que Asunción recibió la palabra. Pero si no el estremecimiento, la propia pureza de su amor intocado le comunicó que Asunción lo quería para ella, y lo quería como mujer. Fue una intuición repentina, que no supo calificar y que ella sospechó también en la manera como el sobrino se apartó con suavidad y fue a rociarse la cara en el aguamanil floreado. El joven se sentía confundido, y de su oscuro asombro apenas derivaba un sentimiento de compasión hacia la mujer que tenía que solicitar, de esta manera, un poco del amor que ningún hombre le había dado.

Asunción se tocó las mejillas cremosas y los párpados de ojera profunda. Rechazaba la sospecha; se deleitaba en la certidumbre de su piel aún fresca; nada podía decir de sus deseos más secretos; tan secretos que en el mismo silencio del sueño, un vapor cerrado los encubría de la imaginación y otra capa negra embargaba ese vapor hasta que el deseo desaparecía antes de nacer a la conciencia, ahogado en el punto solar del vientre, en el declive de la carne más silenciosa. Eran éstas las volutas que iban rechazando, cada vez más hacia atrás, cada vez más hacia el fondo olvidado de los impulsos originales, la verdadera voz de Asunción, mientras sus falsos labios, en un reflejo insospechado de defensa, pronunciaban otras palabras. Sacó un pañuelo y lo pasó por la nariz.

—Tú tío tiene razón. No debes tratarte más con ese muchacho. La gente lo comenta. No es natural que dos muchachos de clases tan distintas anden juntos todo el tiempo. Prométeme que no verás más a ese Juan Manuel.

Juan Manuel Lorenzo era un muchacho indígena de pequeña estatura y movimientos pausados. Sus ojos profundos y límpidos se abrían con cierto asombro, como si descubriesen por primera vez todas las cosas. Parecía que esos ojos nunca habían pensado. Parecía que por ellos sólo penetraba la intuición. Ahora, los ojos de Juan Manuel Lorenzo se levantaban hacia la claraboya del bodegón, desde la bajada del Jardín Morelos, y su voz lanzaba un secreto *"¡chst!"* La pequeña figura de Lorenzo, vestida con pantalón de dril, camisa blanca y zapatos amarillos, levantaba el rostro y apretaba contra el costado un cuaderno y varios libros. Cuatro años antes, el gobierno local había escogido a un niño de las escuelas rurales para becarlo a fin de que prosiguiera los estudios secundarios y preparatorios. Lorenzo había abandonado su aldea de cabras y chozas pardas para trasladarse a la capital del Estado. Vivía en una casa de huéspedes, en un cuartito de dos por tres, y en las tardes trabajaba en un taller de los ferrocarriles en Irapuato. Con esta entrada, completaba su presupuesto para libros. La pequeña pieza de la pensión apenas aguantaba el lastre de tantos volúmenes apilados en torres. Estudioso y tenaz, Lorenzo devoraba sus tomos todas las noches, a la luz del único foco que pendía de un largo cordón. Compraba mensualmente un volumen de los clásicos castellanos y, con diligencia, lo leía en dos noches. Su español poseía cierta calidad demasiado cuidadosa; era un idioma asimilado, aprendido con deliberación. Tan lento como sus movimientos físicos, el lenguaje de Lorenzo lo hacía pasar, a los ojos del trato superficial en la escuela, en el trabajo, en la casa de huéspedes, no como un muchacho tonto o brillante: sólo diferente. Su manera de hablar y su personalidad física provocaban siempre una sensación de extrañeza. La tenacidad privada se convertía en cierta rudeza pública; rudeza esencial y vigorosa que los suaves modales del hombre de raza indígena transplantados a la ciudad no alcanzaban a ocultar. Si el cuerpo era menudo, la cabeza era grande, y todos los tarros de goma mezclada por el joven estudiante no bastaban para domeñar su mata de pelo duro, semejante a un enorme nopal de cerdas violentas. Nadie podría afirmar, pese a lo dicho, que Juan Manuel Lorenzo fuese un hombre feo. Pues aquellos ojos asombrados, abiertos al mundo, iluminados por una secreta alegría, eran apenas el aviso de un rostro pleno de voluntad y energía moral. ¿Qué indefinible elegancia poseían los gestos primitivos de Juan Manuel Lorenzo? ¿Qué súbito respeto inspiraba su indefensa naturalidad? Fueron estos atributos, sin duda, los que lo salvaron del trato que, a uno de su condición, reservaban los muchachos de la Preparatoria.

Todas las tardes de los sábados —como ésta— Juan Manuel caminaba con Jaime por los callejones y plazas de Guanajuato. "Paraíso cerrado para muchos": así sentía el joven Lorenzo su ciudad de Guanajuato, pequeño habitáculo del tamaño del hombre, ciudad a propósito para la conversación y el paseo lentos, mágica en sus laberintos de piedra y en sus cambiantes colores definidos por el paso del día y de la noche. Tal era la academia del despertar inteligente de los dos amigos. Pues ¿cuál sino ésta es la primera y verdadera escuela del descubrimiento personal: los paseos largos y casi silenciosos con el amigo de la adolescencia, el primero que nos da trato de hombre, el primero que nos escucha, el primero que comparte con nosotros una lectura, una idea en germen, un nuevo proyecto de vida? Esto era lo que Juan Manuel y Jaime se daban, el uno al otro, en su semanal callejoneo. Una villa de ventanas abiertas se ofrecía como estímulo a su curiosidad primeriza. En el subir y bajar de Guanajuato, en la estrechez de sus viejas calles del siglo XVII, un panal de vida cotidiana se ofrece a los ojos curiosos. Detrás de esta ventana enrejada, una vieja amarilla cuenta el rosario al aire; detrás de aquélla, cinco niños con babero blanco lamen los barrotes y cantan coros juguetones; detrás de la siguiente, una muchacha colorada baja los ojos y extiende la mano al galán callejero. Se tienden camas, se zurcen calcetines, se toma el fresco, se bebe el chocolate, se comentan las noticias y se urden los chismes, se abren los ojos a la vida que pasa, se espera en una mecedora a que la muerte llegue, se gestan nuevos hijos al ritmo de calceta, se barren pisos y se velan cadáveres: todo con las ventanas abiertas, expuesto a la mirada ajena. Pero todo, asimismo, extrañamente quieto, extrañamente silencioso. Una oscura soledad oprime esta existencia abierta. Lo que en otra latitud. y entre otra gente, sería fiesta y comunicación bullanguera, es en Guanajuato mudo, tenso fluir de la vida diaria entre sus extremos de cuna y mortaja.

Juan Manuel le había prestado a Jaime la novela de Stendhal el sábado pasado. Al muchacho rico le era más difícil comprar libros que al pobre, pues éste contaba con la mínima independencia de la cual aquél carecía en absoluto. Los Balcárcel, por lo demás, ejercían su estricta censura. Por esto, el joven debía meter de contrabando, sábado a sábado, el volumen que el amigo le prestaba. Era siempre un volumen anotado, subrayado, de la más pobre edición, pronto a desprenderse de sus protectoras camisas de cartulina.

—¿Lo has leído... mi libro? —preguntó Juan Manuel cuando Jaime salió a la plaza y le puso una mano sobre el hombro.

—Me lo confiscaron los tíos. Dicen que está prohibido.

Los dos tomaron el consabido camino del Callejón de los Cantaritos. Juan Manuel iba en silencio, con una expresión triste, pero Jaime —aunque sintió el impulso— no se atrevió a ofrecerle un nuevo ejemplar.

—Tus tíos, Ceballos... ¿comprenderán de una manera tan clara... lo que explica ese libro?

Llamarse por los apellidos era uno de los convenios tácitos de esta amistad juvenil. Los desplantes individuales —de pedantería, de reserva, de rebelión, de burla, de singularidad externa— que entre nosotros reciben el nombre genérico de "la edad de la punzada", no son sino maneras de afirmarse a los ojos de quienes no conceden personalidad al adolescente. Esta actitud, entre amigos, se traduce en un instintivo afán de respeto mutuo, que Jaime y Juan Manuel aplicaban, particularmente, de este modo. A Ceballos, al principio, se le hacía difícil darle la categoría correspondiente al compañero con el patronímico que no parecía tal. Sin embargo, Juan Manuel no decía "Lorenzo" como si se tratase de un nombre de santoral: quebraba la palabra en la segunda sílaba, la acentuaba, y después dejaba fluir la última como un suspiro.

"Lorén-zo." Jaime aprendió a pronunciarla así, y el joven indígena se lo agradecía con un fugaz brillo de los ojos.

—¿Qué es lo que más te ha... impresionado... explícitamente?

—Sabes, Lorenzo... —Jaime dobló los brazos sobre el pecho y frunció el ceño—. Hay una parte donde dice que toda gran acción es extremista cuando un hombre grande la emprende. Y luego dice que sólo cuando se ha cumplido les parece grande a los mediocres.

—Una acción... radical.

Los amigos también se demostraban su mutuo respeto mediante esta expresión cuidadosa, casi rebuscada, de las citas e ideas. Jaime frunció peculiarmente la nariz: —Me parece una buena regla, ¿no crees? Así debían proceder los cristianos. Así procedió Cristo. Lo juzgaron un loco extremista, radical como tú dices, y hoy todos se dicen sus discípulos. Discípulos de un loco.

—Yo temo... —habló con su pausa habitual Lorenzo— ... que la fe basada... en el ejemplo de un solo individuo... a fuerza de repetirse se convierte en caricatura. El cristianismo ha sido caricaturizado por el clero y... la gente decente, los ricos... ¿Soy explícito?

—¡Ojalá fuera una caricatura! —sonrió Jaime—. Es menos que eso, Lorenzo. ¿Sabes? Siempre me imagino la caricatura como algo rebelde. ¿Te acuerdas de esos dibujos de Goya que me prestaste una vez? Mi tía Asunción los descubrió en mi cuarto y puso el grito en el cielo. Dijo que cómo podía tener esos monos obscenos y horripilantes que le ponían la piel de gallina. ¿No era eso lo que quería Goya, que la gente como mi tía se sintiera ofendida?

—A veces... ésa es la única arma contra un mundo... hostil y sin justicia.

El largo callejón de amarillo y azul opacos se detuvo en su ascenso. Ahora, el de los Positos se abría, encajonando el olor de todas las panaderías del rumbo.

—¡Huele!... —dijo Lorenzo.

—¿Entonces para ti no es una acción personal lo más valioso?

—¿Lo más... valioso? Aislada... no. La juzgo... valiosa... siempre que forma parte de una acción general. Quiero decirte un cosa, Ceballos...

Jaime se adelantó y compró dos polvorones colmados de azúcar blanca. Le ofreció uno a Juan Manuel. Éste lo mordió con gran delicadeza. Un bigote de polvo dulce se le formó en el labio.

—A mi padre le... dieron un terreno... para cultivar. Esto estuvo muy bien. El propósito... era muy generoso. Sin embargo... es una tierra muy pequeña... Sólo se pueden cultivar algunas coles... y berros. El maíz allí no crece. No hay agua... Entonces mi padre... tiene que buscar otra vez trabajo fuera de su tierra... Vuelve a endeudarse con un patrón... Pero todos comemos coles y berros. La situación... no cambia en realidad. La situación es... idéntica. Pero mi padre... solo... no puede hacer nada... Es preciso... que todos se unan. Antes, hace muchos siglos..., el ejido era la tierra de todo el pueblo. Cada agricultor... poseía una parcela... y además tenía lo que producía para todos el ejido... Ahora, en vez de ejido..., sólo hay la pobre parcela de cada uno. Porque son tan pobres... y desgraciados... uno solo no puede lograr nada... Todos juntos... Hay que hacerlos entender... Todos juntos.

A Jaime le sorprendía este tipo de conocimientos. Le era ya difícil recordar el origen de Lorenzo, el muchacho cuya vida se alimentaba y consumía en una fiebre de lectura. El foco único de la pequeña recámara de Juan Manuel brillaba con su luz pareja hasta la madrugada; el rostro moreno se afilaba, cada noche, en la persecución de la lectura. Con la gran cabeza despeinada entre las manos, con los codos apoyados sobre el pupitre escolar, el joven devoraba páginas, tomaba notas, debatía con sí mismo: no admitía una afirmación del invisible autor sin ponerla en duda y buscar su razón. La cuidadosa dificultad con que hablaba se convertía, en el discurso interno, en elocuencia implacable. Nietzsche, Stendhal, el Andréiev de *Sachka Yégulev*, Dostoievsky, Dickens, Balzac, Max Beer, Michelet, eran sus interlocutores cotidianos, y Calderón, Tirso, Berceo. No obstante, el muchacho que con semejante alegría e intensidad se sumergía en su mundo de trabajo intelectual, no podía perder la conciencia de su origen y de los problemas diarios de esa raíz. Precisamente, a medida que se adentraba, durante las noches —tibias o heladas— de su breve cuarto, en el Mediterráneo de los diecisiete años, decidía con mayor ardor conjugar las ideas que descubría con la situación que conocía. Empezaba, en esos días, a leer toda la literatura de la Reforma y la Revolución mexicanas. Jaime Ceballos leía y trabajaba menos que su amigo, pero soñaba más —encerrado, también, en la recámara blanca de la casa familiar— y se aferraba más a las dos o tres ideas que juzgaba esenciales. Como Lorenzo —como todo adolescente— se sentía mucho más seguro monologando a las cuales hubiese querido dirigir sus palabras: los dos Balcárcel y Rodolfo Ceballos; los que coticon los ojos cerrados que hablando con las personas dianamente le rodeaban y le dictaban las reglas, los que diariamente compartían con él las tres comidas. En su soledad, les habría dicho lo que pensaba; en la vida común, no podía ponerse por encima de la autoridad sentenciosa del tío, de la incomprensión sentimental de Asunción, de la pura y débil confusión de su padre. ¿Cómo decirle a éste, anonadado, temeroso, que tuviese la entereza de asumir su responsabilidad y acercarse a Adelina, la madre olvidada? ¿Cómo decirle a su tía que no era un pecado ser mujer, sino ser hipócrita? ¿Cómo, en fin, decirle a Balcárcel que él, Jaime Ceballos, era una persona? ¿Cómo obligarlo a que lo respetara como era y por lo que era? ¿Cómo decirle que las virtudes han de amarse más de lo que se teme a los vicios? ¿Y cómo decirles a los tres que puesto que se decían católicos, debían comportarse como cristianos en todos los actos de su vida: que fuesen cristianos enteros, o que se abstuviesen de mencionar siquiera una fe que en sustancia no practicaban? No: la lengua se le paralizaba cuando Balcárcel levantaba el dedo rígido y dictaba un precepto hueco. Y esta ausencia de respuesta a sus preguntas nunca dichas, orillaba al muchacho a la actitud convencida de que a solas, sin comunicación con nadie, él debía demostrar que cuanto pedía a los demás era posible.

Apenas a Juan Manuel le insinuaba esta decisión, acariciada y afirmada en la soledad adolescente como el único tesoro de su hombría continuamente expuesta a la duda y a la compasión propias y de su familia.

"Diego Rivera, pintor magnífico, nació en esta casa el 13 de diciembre de 1886", decía la placa de una casa ocre de Positos. Los dos caminaban en silencio, y Jaime abrazaba los hombros de Juan Manuel. La señorita Pascualina Barona pasó rígidamente y abrió los ojos enmarcados por los *pince-nez* de oro y se acomodó con altanería y enojo el bonete negro que coronaba su rostro amarillo. "¡Un Ceballos!", murmuró al cruzarse con Jaime.

En una ciudad tan pequeña, estos encuentros no eran infrecuentes. Lorenzo reasumió la conversación.

—¿Te acuerdas... la parte donde el autor dice que... Julián... tenía una elocuencia maravillosa, verdad?..., creo que dice que hablaba muy bien porque...

—Porque no tenía que actuar como las gentes de la época de Napoleón —dijo Jaime, ansioso de superar con esta lectura coincidente el encuentro con la agria señorita Pascualina, que esa misma tarde iría a contarle a la tía Asunción que los dos amigos caminaban abrazados.

Continuaron en silencio. Jaime se imaginaba un mundo brillante y libre, en el que los jóvenes de su edad abandonaban el hogar para ganarse, en unos cuantos meses, los galones de coronel en la campaña de Egipto. Cada soldado llevaba en su mochila el bastón de mariscal. La lectura de la epopeya napoleónica le entusiasmaba; se imaginaba en el centro de aquellas grandes batallas, bautizado por aquellos grandes nombres que adornaban, según la enciclopedia, el Arco del Triunfo de París. Wagram, Austerlitz, Jena, Smolensk, las Pirámides, Friedland, y los trajes militares, el estampido de la caballería, las llamas de Moscú: esa extraña conflagración de la nieve, y las mujeres misteriosas que se colaban entre las páginas de la historia, Josefina, María Walewska; nombres de palacios, Fontainebleau, Marly, Versalles, Chantilly; el sobresalto de intriga y aventura que le provocaban las figuras de Fouché y Talleyrand.

—¿Has leído ese otro libro que se llama *La guerra y la paz?* —preguntó Jaime.

—No.

—Es muy largo. Es como para las vacaciones.

También Juan Manuel discurría lentamente, en silencio. Trasladaba la acción fulminante de la que hablaba Stendhal a otros hombres y otros campos. La caballería villista en el Bajío, los yaquis que ganaron la victoria de Obregón, la celada a Zapata en Chinameca. Ahora todos esos héroes habían muerto, y en su lugar estaban los Julián Sorel, que hablaban con mucha elocuencia de la Revolución Mexicana.

—Voy a prestarte el libro de Vasconcelos, Ceballos.

Juan Manuel se pasó la mano delgada por la mata rebelde de pelo. A veces, durante sus largas horas de lectura, se detenía ante algo que le intrigaba: ¿por qué hablaban ciertos hombres, en ciertas épocas, de una manera, y otros, en otros tiempos, en un estilo tan diferente? El tumulto apasionante de la prosa de Vasconcelos, por un lado, y por el otro la claridad serena de Guzmán. ¿Y por qué hablaban estos hombres con un tono de verdad, aunque de manera opuesta, sobre los mismos temas que en otros labios eran mentira, basura, vulgaridad? Recordaba discursos de los comisarios ejidales en su pueblo y de los líderes en Irapuato; editoriales de los periódicos; declaraciones de funcionarios. Éste era el otro idioma de México: un idioma de lacayos.

Los amigos marchaban suspendidos y ajenos al tráfago silencioso de la hermosa callejuela guanajuatense. Los faroles se encendieron repentinamente y un organillero empezó a dar vueltas al manubrio —la marcha *Zacatecas*— frente a una ventana de niños pequeñísimos e inmóviles que parecían asistir, por primera vez y desde su primera fila, al espectáculo del mundo.

Debe haber otro idioma, que no sólo refleje, sino que pueda transformar la realidad, pensó Juan Manuel. Esto hubiera querido explicarle a su amigo. Pero se dijo que, en verdad, desconocía las palabras que expresaran esa intuición.

Bajaron por el callejón de Juan Valle, donde vivía Lorenzo. La casa de huéspedes, alojada en un viejo caserón de ladrillo encalado, olía a frijoles refritos. La dueña, una solterona que usaba a todas horas mitones blancos, se mecía frente a la ventana abierta de la mejor recámara de la casa. Saludó con la cabeza a Juan Manuel y a Jaime. No separó sus sucios dedos de tela de la posición afable en que descansaban sobre el regazo. Pero al penetrar los dos amigos al patio, ya estaba allí la señora, encogida, abrazada a su chal de estambre, taconeando el piso con un botín de lazo.

—Joven —chilló su voz tipluda—. La muchacha me avisó que no se puede entrar a su cuarto de usted. Esos libros llenan todo de polvo. Después otros huéspedes no lo van a querer tomar. Yo no estoy dispuesta, óigame bien, a hacer gastos inútiles.

—Lo siento, señora... Es mi trabajo —dijo Juan Manuel y caminó hacia la escalera.

—¡Joven! —se escuchó el chillido—. Me debe el mes.

—Mañana me pagan en el taller, señora —dijo Lorenzo sin voltear.

—Señorita... ¡Cuántas veces...!

Subieron por el cubo estrecho de escalones gastados. Las vigas roídas de los techos goteaban. Se descascaraba la cal de las paredes, y unas mariposas negras se escondían en los lugares altos y oscuros. Al fondo del pasillo más estrecho, Lorenzo abrió la puerta de cortinillas floreadas y los amigos entraron a la pieza amontonada de libros que se apilaban al pie y debajo del camastro de fierro.

—Toma... el libro de... Vasconcelos. Tengo que irme al taller... hoy trabajo horas extra.

—Te acompaño.

Jaime pensó que la vieja señorita que habían encontrado en la calle ya habría comunicado su chisme a Asunción, que ésta lo buscaría por toda la casa para prevenirlo contra un regaño de Balcárcel y que el tío, a su vez, iría a la recámara a cerciorarse de que Jaime, obediente, no la había abandonado en todo el día. Pero el miedo a un nuevo castigo le era menos imperioso que el goce aventurero de la desobediencia.

—Te acompaño —repitió, excitado por la blanca oscuridad descendiente.

Los dos salieron, hermanados por una comunicación sin palabras, al callejón. Los dos cuadraron los hombros, aspiraron el aire delgado y caminaron con paso de gallo, entre alegre y orgulloso, al lugar de donde partían los camiones a Irapuato.

. . . .

—Si hay trabajo... puedo venir mañana —dijo
Juan Manuel cuando terminó la tarea. Al limpiarse
la frente, se manchó el antebrazo con una raya de
aceite. A su lado, Jaime presentaba un aspecto semejante. Se colgaba el saco a la espalda, desde el
dedo índice doblado como gancho. Las camisas de los
amigos brillaban, como sus rostros, con un maquillaje
sudoroso de carbón y grasa. Jaime dejó correr por el
pecho una alegría nueva: se abrazó a sí mismo para
sentir mejor los dolores de los músculos.

—No hace falta —dijo el jefe del taller. Sonrió y
pasó la mano entre los mechones negros de Juan Manuel—. Dedícate a pasear, que al fin ahora te tocan
horas extras. ¿Tu amigo no quiere empezar la semana
entrante? Sobra trabajo.

—No... —dijo Juan Manuel.

—Seguro —se adelantó Jaime.

—Está bueno. Que Juan Manuel te explique algunas cosas sobre engranajes y aceites, y si quieren se
vienen juntos el lunes.

Los amigos caminaron entre los ritmos mecánicos y
el paisaje de vapor. Los maquinistas, desde las ca-
binas, saludaban con la gorra a Lorenzo, como si le
agradeciesen que las locomotoras corriesen en buen
estado.

—Trabajaste bien, Ceballos... Como esta vez no
te pagarán, déjame invitarte una cerveza.

—¿Te fijas? —exclamó Jaime cuando un trabajador
pasó y los saludó y palmeó el hombro del joven Ceballos—. Ya somos iguales. Lo dijo con alegría, pero
en seguida temió haber ofendido a su amigo. La

sonrisa de éste se hizo más grande. No hablaron más
hasta llegar al tendajón, mezcla de cantina y abarro-
tería, que se escondía bajo un techo chaparro a la
vera de la vía humeante.

—Dos "Superiores" —dijo Juan Manuel al hombre
con rostro de chivo que descorchaba botellas.

Esperaron, cálidos y jadeantes, con los brazos sobre
el mostrador manchado de moscas. Bebieron con avi-
dez el líquido opaco. Juan Manuel apoyó la cabeza
sobre una mano.

—¿Cómo vas a conseguir... permiso... de tus tíos?

—No se pueden negar a que trabaje. Ya estoy
grande. El tío siempre dice que hay que ser muy
trabajador, ¿no?

El lugar empezó a llenarse de trabajadores que lle-
gaban sedientos y manchados de aceite, como ellos.
Algunos saludaban por su nombre a Juan Manuel, o
con la mano junto a la gorra a ambos. Jaime saboreó
los bordes del vaso colmado. Se llenó los labios de espuma. Hubiera querido decirle a su compañero que
éste era el primer día completo de su vida de hombre.
Pero la satisfacción dio paso a un sentimiento de
burla: pensaba en los tíos enojados, o inquietos, o lo
que fuera. El tendajón se espesaba de humo. Un
obrero codeó a Juan Manuel: entraban tres mujeres
en busca de batalla. Dos eran jóvenes, y la otra vieja
y flaca; la primera joven baja y regordeta, la segunda
piernuda y esbelta; las dos muy pintadas, en abierto
contraste con la tercera, de aspecto monjil, con la cara
lavada y el pelo sin rizar.

"¡Meche!", salió un grito del fondo del lugar y la
mejor parecida se abrió paso hacia la voz cariñosa.
Las otras dos se encontraron, a codazos, un lugar en

el mostrador, cerca de los amigos. "¿Qué tomas, Fina?",
le dijo la joven pequeña a la mujer flaca y amari-
llenta.

—¿Hay para un coñac?

—Si apenas son las once: tómate una cerveza. ¡Por
algo te dirán la Fina!

La joven levantó el brazo y brindó mirando a Juan
Manuel y a Jaime. Aquél trató de sonreír, éste bajó
la mirada.

—Ándale, Fina, brinda con los muchachos.

—Esos niños ya debían estar acostados —dijo la
mujer flaca. Agitó un dedo frente a la nariz de la joven—: Y tú debías pensar que mañana es domingo y
pedirle perdón a Dios.

La joven regordeta rio con grandes chillidos y tomó
de un brazo al hombre que parecía chivo, el que caminaba apresurado detrás del mostrador, tocado por
un sombrero de petate. —Oye a la Fina, Gomitos.
Siempre queriendo presumir de santa.

—No presumo, soy —dijo entonces la flaca, que
apretaba la botella de cerveza entre las manos.

—Qué bueno... que trabajemos juntos —dijo Juan
Manuel.

—Tuve un amigo una vez. Se llamaba Ezequiel.

—A que no sabes, Gomitos, que la Fina no le entra
a nadie. No más anda con nosotras para llevarnos
quesque por el buen camino —volvió a chillar la
joven.

—Déjame, Lupita; los sábados hay mucho quehacer.

—Nunca te lo había platicado, Lorenzo.

—No más ando perdiendo el tiempo contigo y
Meche —refunfuñó la llamada Fina.

—Era un minero al que escondí en la casa porque lo buscaba la policía. Había hecho una huelga entre los mineros.

—Mira no más cuándo te enteras. En vez de andar echando sermones, búscate a alguien, que a algún viejo le habías de gustar —contestó con grandes carcajadas la gorda Lupita.

—¿Quién pudo haberlo delatado, Lorenzo? Desde entonces, todos los días pienso en eso. Pero desde hoy voy a pensar que gracias a mi trabajo contigo se la haré buena a Ezequiel.

—Malagradecida. ¿Luego a quién le lloras y le pides rezos cuando te va mal? A mí, ¿verdad?, a la Fina, la que te oye tus penas.

—Deberíamos regresar a Guanajuato —le dijo Jaime a Juan Manuel, pero éste, sonriendo, indicó que le faltaba beber media botella. Los pitazos y el paso pesado de unos vagones, rojos en la noche, se apoderaron del rumor de las voces.

—¡Eh, la cuadrilla para Ciudad Juárez! —gritó alguien desde la puerta del tendajón. Varios hombres vestidos de overol salieron frotándose los labios con las mangas. Los ruidos de la vía aumentaban o disminuían: eran ruidos profundos, golpeados bajo tierra, y los del tendajón sonaban, apenas, como una cucharilla dentro de un vaso.

—La Fina ésta —le decía Lupita a Gómez el cantinero— se da hartos aires porque dice que fue persona muy fina en Guanajuato y hasta anduvo casada con un viejo muy rico.

—¿Qué, no te dejó herencia? —preguntó con toda seriedad el tal Gómez del rostro largo y la barba blancuzca.

—¿Cuánto es? —le preguntó Juan Manuel al cantinero.

—Si son puras mentiras —se reía Lupita mientras se arreglaba el escote y canturreaba,

... en las cantinas dejé mi primavera...

—Un peso.

El rostro amarillo de la Fina se incendió. Lo acercó al azuloso de Lupita y le dijo, escupiendo las palabras de una voz apagada e intensa: —Adelina López vivió en la mejor casa de Guanajuato, con candiles y cuchillos de plata, y recibió a toda la gente decente que tú ni siquiera verás de lejos en toda tu vida.

—Cuatro pesos vuelto —dijo Gomitos.

Las palabras llegaron al oído de Jaime sofocadas por el martilleo lejano de los rieles y las máquinas. Como el sábado santo, llegaron mucho después de ser pronunciadas, cuando Lupita le contestaba algo a la Fina y Gómez se desprendía de la mano de aquélla.

—Gomitos, ¿qué te haces después?

Jaime levantó el rostro y devoró con los ojos el perfil de huesos transparentes, los ojos tristes y defensivos, la boca pálida, sin pintura, el pelo oscuro y entrecano de la mujer que se decía su madre. Quiso desprenderse de la absorción de su mirada y encontró, en la superficie de la botella de cerveza, su propia imagen sudorosa, embarrada de trabajo, dilatada por la curva del vidrio. Salió sin esperar a Lorenzo, y hasta el aire libre le llegaron las últimas palabras de la Fina: —Yo no tengo necesidad de esto. Vengo por salvarlas a ustedes...

Y cuando Jaime caminaba por las venas entrevera-

das de los rieles alumbrado por las fogatas, sintiendo
el aire frío en la espalda mojada, tratando de reunir
las partes de un cuerpo que le parecía disgregado, la
Fina volvía a agitar un dedo bajo la nariz de Lupita
y los chillidos de la mujercita gorda parecían una
sirena interminable.

—Me aburro, por eso vengo aquí, porque me aburro mucho.

. . . .

—¡Rebelde! Rebelde y testarudo. Ahora te pasarás
una semana en tu cuarto, a pan y agua. Ya veremos quién puede más. Mi padre decía que la obe-
diencia entra a palos. Decididamente, estás colman-
do mi paciencia. Por esta vez seré generoso.

Pero Jaime no entendía las palabras del tío. Boca
abajo sobre la cama, con los brazos colgantes, con la
misma camisa y el mismo pantalón manchados de
grasa, sentía que el peso de plomo de la garganta se
derretía para correrle, hirviente, por las venas. No
podía resistir más tiempo el dolor, el odio, la novedad.
Clavó las uñas en el tambor de la cama y sollozó pensando en Ezequiel Zuno y en Adelina López. No, no
eran las palabras de la Biblia las que explicaban la
fe: eran esos dos nombres, esas dos personas que habían sufrido un mal concreto a manos de esas personas
concretas que formaban su familia. Comunión semanal, rosario cotidiano, novenarios y misas y procesiones: Rodolfo, Asunción, el tío Balcárcel, vestidos de
negro, con los ojos llenos de satisfacción piadosa,
hincados en la iglesia, abriendo las bocas para recibir
la hostia. Y Ezequiel. Y Adelina.

—*Pero no eres tú sólo. Ése es el problema. Que no está uno sólo.*

—*Yo no tengo necesidad de esto. Vengo por salvarlas a ustedes...*

Las paredes lo repetían. El paisaje apretado —cuando se levantó y abrió la ventana— lo repetía. Si alguien, improbable, pasase por el estrechísimo callejón, lo repetiría. Las palabras de Ezequiel y Adelina eran las únicas palabras del mundo que significaban algo para Jaime.

Se volvía a arrojar sobre la cama. La criada le traía la bandeja con pan y agua, y un trozo de piloncillo escondido entre la servilleta —el obsequio de la tía—. Balcárcel había prohibido a Rodolfo y a Asunción entrar a la recámara. Jaime mojaba el pan, lo tragaba sin masticar y se tapaba el rostro con la almohada. Horas hubo en que su mente se vaciaba de imágenes; otras en que palabras y rostros pasaban a galope. A veces sus ojos se iluminaban con el deseo de un cataclismo que aniquilara, de un golpe feroz, a todo Guanajuato; de un rayo que partiera en cenizas el caserón de los Ceballos. Cretino, cristiano, cretino, cristiano: sería ya la luz del día la que incendiaba las cortinas corridas. Jaime despertaba de una vigilia brutal diciendo palabras sin hilo. Cretino, cristiano —¿si les hablara? ¿Se haría comprender? ¿Podría comunicarles algo? "—Eres todo un hombrecito" —le había dicho Ezequiel Zuno. Nadie más lo sabía, o lo creía. Ser hombre: otra idea que lo atarantaba. Fugarse de la casa. Amar a una mujer. Descubrir un tesoro. Regresar a vengarse. Ser hombre...

La recámara se calienta. El joven piensa en la muerte, y cree que la muerte de quienes no son queridos ha de ser dulce y serena: imagina a su madre muerta, dulce y serena en el reposo. Crecen los rumores de la jornada. Cencerros, gritos de vendedores, automóviles lejanos. *Muy bien profetizó Isaías de vosotros, hipócritas, según está escrito: Este pueblo me honra con los labios, pero su corazón está lejos de mí. Me honran en vano, enseñando doctrinas que son preceptos humanos. Dejáis de lado el precepto de Dios, pero cumplís los preceptos de los hombres.*

La criada vuelve a entrar. Jaime le entrega la porcelana maloliente. Camina por el cuarto, descalzo. Se atreve a correr las cortinas. Las razones de la fe estallan en su cerebro hambriento: *Te ofenden, Señor, te ofenden cuando delatan a un hombre o abandonan a una mujer; te ofenden cuando venden o humillan a otro, para que ellos no sean vendidos o humillados; te ofenden porque tú prometiste que tu sacrificio no sería en vano; te ofenden, Señor.* La tarde silenciosa. La siesta de toda la ciudad. Trata de dormitar; el estómago, vacío, arrugado, no se lo permite. Cuando cae la noche, separa las cortinas y hurga en vano el firmamento. Una alucinación persistente lo obliga a buscar en la raya perdida del horizonte al hombre que debe contestarle. *¿Por qué pide esta generación una señal? En verdad os digo que no se le dará ninguna. No, Señor, dame una señal para que sepa que no estoy solo. Job esperó y vio a Dios.*

Jaime orina y vuelve a caer sobre el lecho.

Cuando despierta, se da cuenta de que, por primera vez, la barba le ha crecido más allá de los pelos largos y aislados que recortaba con tijera. Sobre todo debajo del labio. Se levanta y se mira al espejo. ¡Cómo se ha observado en el espejo desde que cumplió trece años! ¡Cómo le fascina el rostro del otro! Qué hay detrás de los ojos tristes. Por qué se agita el cuello delgado. Por qué se siente tan solo.

—¿Te está sirviendo la lección? —pregunta el tío Balcárcel, quien observa con sorna al muchacho perdido en la contemplación de sí mismo. La mano sobresaltada de Jaime toma unas tijeras y levanta el brazo. El tío permanece impasible.

—No dudo que tratarías de matarme. Cada día que pasa se revela más tu naturaleza pervertida.

Jaime deja caer las tijeras.

La figura delgada y nerviosa contrasta con la complacida y romboide. Se observan en silencio. La ventana huele a madrugada, y la luz entra a manos llenas: en el centro del marco está el sol. Los laureles se mecen en las plazas. Los adoquines de las callejas son regados a cubetazos. El serrucho de una ebanistería, la campana de un burro lechero, el grito del afilador, las pisadas que bajan a la misa de San Roque: son los ruidos más cercanos. A sus espaldas, Jaime escucha el mundo.

Balcárcel se acaricia el estómago, con los dedos pulgares metidos en las bolsas del chaleco. —¿Me dirás por fin dónde fuiste el sábado en la noche?

—Si ya sabe usted; si ya vino esa lechuza de la señorita Pascualina.

—No te habrás pasado la noche caminando por las calles con tu amigo el peladito.

—No... la pasé averiguando quién es usted, y mi padre... ¡por Dios!, mi papá... ¿cómo pudo?

Los ojos fríos de Balcárcel apenas interrogan; su máscara se dispone a permanecer inmóvil, diga lo que diga el muchacho. —Nunca me ha gustado hablar de cosas desagradables, Jaime. Bastante dura es la lucha por la vida para que en casa insista yo en los temas desagradables. Pero ya que te encuentro tan alterado, más vale que aclaremos las cosas, decididamente. Porque estoy seguro que lo que yo tengo que decirte es mucho más grave de lo que tú puedas decir.

Jaime quiere levantar la voz; la baja al murmullo.

—Usted delató a Ezequiel Zuno... usted dejó que tiraran a mi madre a la calle... usted no más habla de mucha moralidad, ¡puro jarabe de pico!, usted y todos los de esta casa no más hablan mucho de religión, y hacen todo lo contrario...

—He aprovechado estos días para conversar con el padre Lanzagorta primero, y luego con el padre Obregón. Decididamente, no eres quién para hablar de moralidad y de religión. ¿Te sorprendes? Vaya, cuando crezcas agradecerás que alguien haya velado por ti. Siéntate, que pareces un manojo de nervios. Desde niño te ha gustado poner cara de místico.

El sol le dio en la nuca cuando se sentó sobre el lecho. ¡Qué rápidamente ascendía! Balcárcel se paseaba frente a Jaime; acariciaba la leontina, y los zapatos de charol le rechinaban.

—Sé muy bien cuál es el origen de tu actitud. Eres un joven impuro, y por miedo a confesar tus faltas dejaste de ir con el padre Lanzagorta.

Balcárcel se detuvo, miró con satisfacción a su sobrino, y, clavándose las manos en la espalda, le acercó el rostro: —Porque el padre Obregón me ha dicho que con él no te has confesado ni una sola vez...

—¿Por qué se ocupa usted no más de los pecados? —levantó la voz el muchacho—. ¿Por qué no se ocupa de ver las cosas buenas? —dijo al retroceder de la cercanía de Balcárcel hacia el rincón de la cama.

—¡Pecados! ¡Cosas buenas! ¡Cínico! Tú has mancillado el cuerpo de Cristo; has ido a comulgar sin confesarte antes. Eres un joven cobarde y un sacrílego. Sí: ¡un sacrílego!

—¿Y cómo se llama entregar a un hombre, tío?

—No tenemos más que hablar...

—¿Y tirar a mi madre a la calle, a que ande entre putas y...?

—¡Cállate, niño idiota! ¡Se me acaba la paciencia! De nada ha servido educarte; la cabra tira al monte. Prófugos, pelados, mujerzuelas; ésos son tus grandes cariños, ¡vaya!

—Uno no escoge a la gente que quiere; los quiero a ellos, y a usted lo odio.

La mano enrojecida de Balcárcel golpeó la mejilla de Jaime; el muchacho, con las piernas, se defendía. Por fin, pateó el vientre de Balcárcel y el tío se dobló sobre sí mismo.

Toda la mañana, sin levantarse del lecho, Jaime recuerda, una y otra vez, ese momento: el tío doblado por el puntapié, él temblando, pidiendo perdón, abrazando la figura sin dignidad. Recuerda cómo salió de la alcoba Balcárcel: descompuesto, mudo, amenazándolo con una palma abierta.

Después la escena parece muy lejana. El cuerpo del joven reposa. Se siente sereno. Las campanas de vísperas doblan. Un olor musgoso asciende del callejón: la noche de perros dormidos y piedras heladas comienza a concentrarse allí. En la paz nocturna, las figuras de su madre y del minero vuelven a acercarse. Las palabras de las personas solas y humilladas vuelven a escucharse. Se apaga la ira de Jaime. La discusión con el tío raya su memoria con los gestos grotescos de una pantomima. Un canal de luz se abre en su mente. No debía pedirles a otros que hicieran las cosas. No debía recriminar al tío. Era él, Jaime, quien debía hacer algo, algo por Ezequiel, algo por Adelina. Algo en nombre de Asunción, de Rodolfo y de Balcárcel.

Durmió profundamente, seguro de que el nuevo día escribiría en el firmamento una orden. Durmió abrazando la almohada. Y la voz que le despertó fue la misma que atornilló su sueño: *Porque no he venido yo a llamar a los justos...*

. . . sino a los pecadores.

Los pies dejan de sentir la dureza uniforme de la piedra y se detienen, sorprendidos, sobre la tierra blanda y ardiente. Se abre el campo. El camino amarillo serpentea entre cuadrángulos de trigo pálido y altos lanceros de maíz. El valle hondo y estrecho asciende, gana horizonte, hasta quebrarse, terraceando, hacia un arroyo.

Jaime baja con los tobillos hundidos en la tierra negra. Se detiene en el bajío de la corriente: más allá del arroyo, un llano pajizo es ondulado por el viento tempranero hasta la línea de montañas esfumadas en el amanecer. Pero ya la tierra hierve, antes que el aire. Atrás, tocan a maitines las campanas de San Diego y San Roque, La Compañía y la Basílica. La ciudad se aleja con su paisaje de juguete pascual. Jaime camina fuera del sendero y, sin detenerse, se descalza y levanta la mirada al sol bruscamente centrado entre las ráfagas de vaho. Un otero domina el llano. Después, con la mano sobre los ojos, el muchacho distingue el próximo desplome del llano entre barrancas oscuras y abrojosas. Le circunda la tierra variada y viva, iluminada por el vuelo negro de los zopilotes y el chirrido de los zorzales recién nacidos.

Más allá del otero el camino se torna áspero; los matorrales empiezan a arañar las piernas del joven; el sudor pega la camisa a la espalda; el aire corta la piel; las piedras se clavan en las plantas de los pies.

Al filo de la barranca, ruedan las espinas grises de la nueva vegetación. Las presas no han extendido sus dedos de agua hasta aquí. Tierra baldía, donde algunas cabras se pasean al ritmo desigual del cencerro. Y luego montaña pelada, castillo de rocas y abrojos. El túmulo de aridez que cerca los vergeles aislados de México. La mancha feraz quedaba atrás; la piedra, el polvo y las aves negras volvían a apoderarse del paisaje. Una loma redonda oculta el caserío de Guanajuato. Ganado palmo a palmo, el mundo de la convivencia, de la producción, de la actividad humana, sigue siendo excepcional en México: hondonada y pico abrupto, tierra de espinazo indomable, soledad, puño cerrado del cerro. Éste es el paisaje original, terco, a veces insalvable, que se niega a aceptar a los hombres. Una naturaleza autónoma. Un reino que no quiere ser compartido.

Jaime se quita la camisa. Más que sereno, su rostro es el espejo de la ansiedad profunda. Las manos le sudan. Recoge la cáscara rota de un huevo agreste. ¿Seno del pajarillo, del lagarto? El sol mancha los hombros. El cuerpo erguido del joven no se distingue en el vasto paraje silencioso. Inmóvil, se diría un tronco perdido al borde de la hondonada. Recoge las espinas enlazadas; las trenza con otras. Cree que el sol posee latidos que pueden escucharse en el pulmón del aire.

Levanta el brazo. Ezequiel vuelve a ser conducido, con las manos atadas, por las calles. Adelina vuelve a levantar, en el tendajón, su vaso de cerveza; y hace caer sobre las espaldas el látigo de espinas; tuerce la boca, reprime las palabras que distraen y alivian el dolor. Vuelve a caer el fuste erizado; vuelve a clavarse en la espalda. Lo arranca, espera —ahora con necesidad— el siguiente golpe. Una espina aguda se clava bajo la tetilla: al arrancar el látigo trenzado, siente que el gancho le levanta la carne. Y el sol sigue parejo, y es el único testigo. Toca la sangre espesa y cae de rodillas entre los matorrales. Los ojos se nublan a la primera vista de la propia sangre; se nublan hasta creer que no es el sol el único testigo. ¿Por qué es alegre el dolor? No buscaba —siente, hincado sobre la tierra más dura— este calor suave en las entrañas, este latido alegre. Vuelve a levantar, hincado, el instrumento lacerante; las espinas manchadas caen de nuevo sobre las heridas abiertas. El sol se mezcla con la sangre y concentra en ella sus rayos. El arrebol de las nubes brilla menos que el de las púas afuetadas. Un abrojo se clava secamente en el sexo y el muchacho grita por primera vez. El cuerpo cae de boca; los brazos cuelgan hacia la pendiente de la tierra. El aire pesa, inmóvil, sobre la carne exhausta. La inhalación es helada; la exhalación, ardiente. A la boca jadeante se acerca una lagartija curiosa, color del monte. El muchacho la ve volar: en sus ojos, la tierra se ha volteado y el espacio ocupa, con un gemido hondo y lejano, su lugar. Aprieta los párpados y siente el terror de un universo de cuerpos redondos y estrellas errantes contenido dentro de otro más grande al que contiene otro más vasto aún, que es apenas polvo, partícula de un océano sideral que jamás termina. Y la lagartija, tan pequeña, se escurre bajo un pedruzco.

Se ha extraviado el tiempo. Hay una hora que hace sentir su peso, que jamás permite el olvido. El centavo de oro y fuego brilla en el centro del día.

El viento se aplaca y el cuerpo se hunde en el temblor reverberante de la tierra. Junto a la nariz baila el polvo cansado. El sol lame las heridas. El estómago clama, apretado contra el vientre del campo.

Sería, después, la hora del nuevo viento, cuando las matas recogen el susurro perdido en el mediodía estanco y las cigarras despiertan de la siesta. Sería, después, la hora de la primera oración pronunciada, lentamente, por la voz que no ha dejado de orar en silencio desde que el día se abrió. El zopilote desciende, ávido, en picada, sobre el cuerpo sangriento. Su olor lo anuncia. Jaime siente los tarsos carnosos sobre la espalda. Con un sollozo gutural, golpea las alas del ave y luego grita hacia el eco de la barranca, por donde vuelan ahora las plumas negras: "Déjame ser... como tú; no... la mentira." Pero el sol va a desaparecer con su laguna roja detrás de las montañas, y el último resplandor es más fuerte que las palabras.

Nunca ha estado más pegado a la tierra. La boca abierta quisiera conversar con este pedazo de polvo que ha acogido su cuerpo. *Fue por ellos* —dice en silencio—; *por cada uno de ellos; porque las cosas buenas no pueden quedar sin premio; porque lo malo no puede quedar sin castigo; porque alguien tiene que echarse encima lo que los demás no quieren...* Se levanta penosamente. Toma la camisa arrojada. La tela le roza como lija la piel. Las piernas apenas le sostienen. El mundo ha despertado con las mil voces de los insectos luminosos. Un levísimo fulgor indica el camino. El muchacho marcha de regreso y toca algo bueno en cada piedra, en cada mata, hasta rozar con los labios el súbito penacho de trigo. Ha regresado. El bálago cruje bajo sus plantas descalzas mientras recorre el sendero de mastuerzos. Un bosque ceñido, de gruesos troncos y copas redondas, anuncia la proximidad de la ciudad.

Pero Jaime se detiene con los ojos locos, mirando en todas direcciones: un caballo sudoroso y matalón cruza entre las sombras y la cola le fuetea el rostro. Y es esa cercanía de un animal vivo lo que le arranca las primeras lágrimas de dolor. El légamo de la conciencia se remueve y las aguas vuelven a correr. El caballo deja un olor a tierra violentada y Jaime ve galopar por estos mismos campos a los hombres del fusil levantado y los ojos de cobre y las espuelas cantantes. Los ruidos, tan extraños al oído de este día silencioso, comienzan a unirse, a reconstruirse: un sismo en la garganta le dice que la ciudad está cerca. Son sus cúpulas y paredes pintadas, sus torres y muros de piedra. Guanajuato del honrado comerciante don Higinio Ceballos, Guanajuato donde el abuelo Pepe hizo la fortuna de la familia y llenó de candiles franceses la casa, Guanajuato donde el tío Pánfilo guardó todas las noches los pesos oro en la caja fuerte, Guanajuato donde el papá Rodolfo gastó las noches de juventud, Guanajuato señoreada por el tío Balcárcel y su rostro verde y su lengua sentenciosa. La ciudad de los justos; la familia de los que nunca habían hecho el mal; el hogar de los próceres. La noche parecía repetir la larga historia de la familia Ceballos; cada calle parecía conducir a horas de vida infinitas al lado de los Balcárcel.

Sobre los primeros adoquines, pasa una mujer oscura con un jarro en la cabeza. En seguida, las pequeñas luces de los talleres de herrería y trabajos de cuero. Las puertas móviles de las cantinas olorosas.

Los borricos pardos y asustados. La plaza; el caserón de cantera. Jaime aprieta las facciones; las heridas mezcladas con tierra le arden, y cae arañando el zaguán sobre las baldosas brillantes bajo el farol.

. . . .

—No entiendo a este muchacho. Decididamente, no lo entiendo —dijo Balcárcel. Cerró las manos detrás de la espalda, de manera que el chaleco y las solapas se inflaron sobre el pecho—. ¿Qué te ha dicho?

La recámara de los tíos guardaba siempre —pese a la rápida ventilación matutina— un olor añejo y enclaustrado. Las cortinas de terciopelo, entre sus pliegues desteñidos, conservaban las voces bajas de los antepasados. De haberlas sacudido con mano cariñosa, acaso Balcárcel o Asunción las hubiesen escuchado. Pues esta había sido la recámara de los abuelos españoles que en ella se amaron con ternura y gracia; después la de Pepe Ceballos y su rígida mujer; después, brevemente, la de la incomprensión entre Rodolfo y Adelina. El ropero de caoba guardó las prendas de todo un siglo: polisones, redingotes y polainas blancas, mantones de Manila y chisteras, bastones de puño incrustado, fuetes y sombrillas, levitas ceremoniales, fracs, boas coloradas, sombreros de pluma de avestruz y sombreros de campana, carretes durante los años de 1920, así como sacos color ladrillo y medias rosa y cortas faldas de lentejuela y fleco. El vestuario ya se había estabilizado: los Balcárcel usaban, más o menos y para siempre, la ropa de los años de 1930. Saco cruzado él, de solapas anchas, chaleco, corbata de cuadros escoceses. Ella, vestidos de falda estrecha y larga, mediano escote, pliegues sobre el busto. También el pelo, ondulado y recogido, de Asunción, reflejaba la moda de sus años de matrimonio joven. ¿Afán concervador? Más bien, callada nostalgia de juventud.

—No puede hablar —dijo la tía. Mantenía baja la mirada, y sus manos blancas recorrían lentamente un doblez de la cortina—. No sé; delira, dice cosas que no se entienden. Está llagado, los pies le sangran... ¡Ay!— La señora sofocó el llanto repentino que nacía de sus propias palabras, más que del estado lastimoso del muchacho. Balcárcel reprimió el deseo de abrazarla. Desde que la criada encontró a Jaime frente al zaguán, y entró gritando que habían matado al joven, Balcárcel decidió aprovechar este extremo para reafirmar su autoridad sobre Jaime, sobre Asunción, y también sobre Rodolfo Ceballos. No le interesaba, en verdad, el motivo de la acción de Jaime. Algo más —nunca lo hubiese admitido— le afectaba la condición de su esposa. Pero, sobre todo, lo sucedido le brindaba la mejor ocasión para definir su potestad suprema dentro de aquella casa.

—Nadie debe enterarse de esto —dijo Balcárcel—. Bastante se habla de nuestro sobrino para que además lo tachen de loco.

—¿Loco? Pero si le han pegado...

—Nada de eso. Ese muchacho ha ido a lacerarse con su propia mano. Bastaba verlo.

—Jorge... ¿No crees que por lo menos debíamos enterarnos de la razón? Quiero decir, algún sufrimiento verdadero debe tener el muchacho... ¿No crees que debíamos entenderlo y ayudarlo?

—No hay nada que entender. Hay que vigilarlo

más y cantarle de una vez por todas la cartilla. ¿Sabes que nos ha tomado el pelo? ¿Sabes que sólo finge que va a confesarse? Pregúntale al padre Obregón. Hace un año que no se hinca en el confesionario.

—¡Pero si comulgamos juntos todos los viernes!

Balcárcel se daba pequeños golpes sobre el vientre y apretaba los labios. Su mirada, entre irónica y ultrajada, esperaba a que el hecho se hundiese bien en la conciencia de Asunción. La mujer se desprendió de la cortina y caminó sin apoyo hasta el centro de la recámara. —El diablo se le ha metido en el cuerpo —murmuró.

—Te prohibo que hagas un drama de todo esto. —En el rostro bilioso del tío se dibujaba la satisfacción que le producía su actitud—. Ni tú ni Rodolfo verán al muchacho hasta que mejore y yo lo lleve personalmente con el padre Obregón. Después le hablaré con toda claridad. Decididamente, no será con buenos sentimientos como salvemos a este atarantado, sino con energía y haciéndole comprender que tiene un destino que cumplir. Entiéndeme bien, Asunción: los ahorros que con tanto esfuerzo he hecho me permitirán retirarme el año entrante. Una vez que adquiera la manzana frente a la presa de la Olla, tendremos una fortuna de más de un millón de pesos y una renta mensual de diez mil pesos. Tu hermano nos dejará esta casa cuando muera, y el almacén puede modernizarse y rendir más. Es decir, que un buen día Jaime podrá vivir holgadamente si sabe aprovechar, como único heredero de nuestra familia, la oportunidad que le ofrecemos. Somos lo mejor de Guanajuato, Asunción. No podemos exponernos a que nuestra estirpe se extinga y nuestra fortuna se dilapide con las locuras de este jovencito... Éste... éste sería muy capaz de repartirlo todo entre los mendigos.

Asunción no escuchó bien las palabras de su marido. De ellas sólo retuvo las que parecían echarle en cara la esterilidad y fueron esas las que le atravesaron los ojos (la retina empapada por la sangre herida de Jaime) hasta hacerle perder el equilibrio y pedir en silencio el socorro físico de Balcárcel. El hombre continuaba hablando, exponiendo las razones que el reposo de su conciencia exigían. La mujer llegó a ciegas a los brazos del marido. Su tiempo ya era otro; las palabras parecían muy lejanas, como dichas desde un cenagal plomizo: eran apenas burbujas en el calderón nervioso de la esposa. Lo abrazó sin lograr que callase...

—... y don Chema Naranjo bien dice que quién, sino Jaime, puede heredar mis negocios. ¿Recuerdas cuando regresamos de Londres? Bien distinta nos lucía la vida entonces. Tuvimos que reconstruir la fortuna desde la base. Ahora Jaime, gracias a nuestro esfuerzo, tiene las mejores oportunidades. ¿No lo solicita Eusebio Martínez para el frente juvenil del Partido? El muchacho puede llegar lejos, decididamente, si le sacamos a tiempo las paparruchas de la cabeza...

... lo abrazó como hubiese querido abrazar a Jaime, y acercó las manos al sexo viejo del marido, luchando contra la esterilidad infamante, tratando de exprimirle los jugos de la vida. Balcárcel debió gritar, porque la apartó y Asunción cayó de espaldas sobre la cama y empezó a decir oraciones mientras sentía que un enorme triángulo negro le cubría la boca, y la lengua de su delirio se alargaba húmeda y enrojecida hacia los labios de un rostro en blanco. Éste era su tiempo, y las manos alarmadas del marido estaban demasiado lejos, perdidas en el fondo del cenagal: Asunción gritaba el "Yo Pecador" y rompía el sello de una historia contenida durante tantos años sobre el lecho helado, en espera de la fecundidad, contando con los dedos de los pies los coitos cada vez más raros y oliendo el sueño pesado y viejo del hombre tranquilo que durante ellos había yacido a su lado. Pero era la visión del cuerpo de Jaime, la fresca podredumbre de sus heridas, la que dominaba la imaginación de la tía. Luego la sangre del muchacho se fundía en la carne del esposo y Asunción quebraba sin sentido las palabras cada vez más bajas de la oración que ofrecía al oído de Balcárcel mientras su alma se perdía en los cuadros difusos de la histeria.

—Decididamente, el estado de nuestro sobrino la afectó —le decía Balcárcel al médico cuando Asunción sacó los brazos de los ropajes de la cama y despertó y se vio del color de las sábanas.

—El calmante le ha sentado bien —dijo el doctor antes de salir.

Balcárcel acercó el sillón de mimbre a la cabecera de la enferma. Asunción no se atrevía a abrir los ojos. El marido se disponía a velar cerrando los suyos.

(—Abrázame.)

(—¿Por qué han sucedido estas cosas desagradables, Dios mío? Yo soy un hombre bueno. Pude haber sido un hombre brillante. Me contenté con trabajar intensamente para que no faltara nada en esta casa. Quizá me he pasado de severo, a veces. Pero era necesario, para que todo marchara bien. Había que contrarrestar la blandura de Asunción y de mi cuñado. Todas las familias necesitan una instancia de orden.)

(—Abrázame.)

(—No he trabajado por mí, sino por el muchacho. Algunos botarates infelices pueden criticarme porque he sido severo y exacto en mis préstamos. Detesto la prodigalidad; tengo la conciencia tranquila. ¡A cuántas familias habré evitado la ruina! El crédito fácil es la ruina segura de las familias. ¿Por qué pienso estas cosas? Ya está bien, ya está bien.)

(—Nada te cuesta abrazarme. Mañana estaré tranquila.)

(—Decididamente, las cosas no tienen por qué salir mal. Todo se premia en la vida. ¿Por qué me pagan con la intranquilidad y la rebeldía? Si pudiera hablarte, Asunción, si pudieras entenderme. Puedes pensar que a veces soy frío contigo. Pero ésa es mi manera de respetarte. No traeré la prostitución a mi casa. No soy perfecto; tengo la debilidad natural de los hombres. Pero a ti te respeto; cuando caigo en tentación me voy lejos, dejo mis tentaciones sucias en León, en Guadalajara o en México. En mi casa soy limpio, y te amo castamente. ¿Lo entenderías si te lo dijera? He querido ser un hombre bueno.)

(—No te diré nada. Que nazca de ti el gesto de cariño, por favor.)

(—Cuando crezca, Jaime se dará cuenta de las cosas. ¿Cómo iba a crecer con su madre, esa mujer que ha demostrado con su vida sus inclinaciones naturales? Ramera disfrazada de mística, en eso había de acabar. Y el prófugo. ¿Por qué le preocupa tanto? Entiendo que por la madre sienta un afecto natural, porque todavía no puede entender qué clase de mujer es. Pero el prófugo. Si sólo cumplí con la ley y con mi conciencia al entregarlo. Que pase pronto esta mal-

143

dita adolescencia. Está viviendo una especie de enfermedad. Después se hará hombre y se asentará. Espero vivir para ver mi esfuerzo recompensado —si estos disgustos no me matan antes.)

(—Nunca te lo pido. Mañana será igual que todos los días; no te pediré nada. Sólo hoy quiero que te acerques y me abraces. ¿Desde cuándo no me dices que me quieres?)

Balcárcel se acercó a la esposa recostada. Las mejillas encendidas embellecían su rostro, de común pálido y apagado. No abría los ojos.

—¿Te sientes mejor? —le dijo el marido. Asunción asintió—. He decidido llevar a Jaime con el padre mañana mismo. Esto no puede seguir así. No importa que se sienta mal. Lo que ese muchacho tiene herida es el alma, no el cuerpo, y por el alma hay que curarlo.

Asunción asintió. Balcárcel regresó a su postura rígida. Las cortinas de terciopelo, los roperos de caoba, el piano de marquetería, los cuadros de los antepasados, la enorme cama y sus mosquiteros, tenían más vida que las dos personas artificialmente quietas y ensimismadas. Cuando el amanecer comenzó a filtrarse entre los cortinajes, Asunción dijo:

—¿Por qué no te acuestas? Te juro que ya me siento bien. No me molestas para nada.

. . . .

—Ven, hijo. Hace tiempo que no confiesas. El templo es muy grande y frío, ¿verdad? No es preciso que hablemos aquí. Primero ven a conversar conmigo por acá. Me da gusto verte. ¿Desde la doctrina, verdad? ¡Cómo has crecido! Casi todos tus amiguitos vienen a confesarse conmigo.

El padre Obregón pasó el brazo sobre los hombros de Jaime y notó el ligero temblor del muchacho. Jaime quería recordar al Padre, pues este mismo había catequizado a los niños cuando se preparaban para la Primera Comunión. Después, había escuchado a los compañeros de escuela hablar de la bondad de Obregón, sobre todo comparado con el energúmeno de Lanzagorta. Pero si entonces el sacerdote había sido sólo un gran bulto negro sin rostro, ahora, a medida que ambos caminaban por la nave central, Jaime llenaba la figura abstracta de fisonomía. Sentía pesada la mano del cura sobre la espalda, como si, más que posarla, la clavase. El profundo suspiro del padre Obregón delató un aliento de tabaco. Jaime se fijó en el pelo negro peinado hacia adelante, de manera que la frente surcada del sacerdote era cubierta por un fleco descuidado. Los ojos negros, profundos y pequeños, eran dos pasas perdidas en el trazo vigoroso de las cejas, las pestañas, los pómulos altos, los párpados gruesos y cuadriculados. Una menuda pelambre que jamás llegaba a ser verdadera barba, pero que nunca era totalmente rasurada, cubría en parte la tez enrojecida. Pero lo que más llamaba la atención del muchacho, al bajar la mirada, eran los robustos zapatos de cuero raspado que usaba Obregón: la suela doble y espesa, repuesta muchas veces, había adquirido, con el uso y la humedad del lugar, una forma de góndola que a Jaime le pareció, a un tiempo, grotesca y santa. Al llegar frente al altar, el hombre y el muchacho se detuvieron, se persignaron e hicieron una breve reverencia. La tos de Obregón retumbó por la nave vacía, y luego los pasos dejaron su eco de mármol y el padre abrió la reja de celosía.

La humedad había carcomido los altos travesaños de la sacristía, pero la sensación era de calor y de riqueza. Una gran cómoda de madera y azulejos ocupaba un extremo del lugar. En ella se guardaban las ropas eclesiásticas. Una casulla de cenefas amarillas había sido arrojada sobre la parte superior del mueble. En el otro extremo, un altar barroco florecía con su hojarasca rojiza de laureles y nueces y angelillos gordos. Las columnas de oro ascendían hasta el techo y se continuaban en la pintura simulada de más hojas de laurel y olivo azules, trenzadas por un cordón: la greca recorría los cuatro costados de la sala. Si los muros breves de la sacristía ostentaban esta riqueza, el más largo era de una blancura escueta y cegadora, rota apenas por la pequeña ventana enrejada que daba sobre un callejón gris. El padre Obregón se sentó en una alta silla de madera y con un gesto invitó a Jaime a acercar la otra, pequeña, de paja.

—¿Por qué no has venido? —dijo el sacerdote mientras acariciaba el cabello rubio y ondulado del muchacho.

—No había necesidad —dijo Jaime con voz firme y baja—. Ahora vine porque me obligaron.

—¿Te obligaron? Nadie puede obligarte.

—Sí, me obligaron a la fuerza. Yo no tengo nada que confesar.

El padre Obregón sonrió y tamborileó los dedos sobre la rica madera labrada de la silla. —Para ti sólo soy un hombre, ¿no es verdad?

—Yo también soy hombre —repitió con los labios apretados el joven anguloso.

—Todos lo somos; Nuestro Señor también lo fue, y sufrió y encarnó como hombre.

Jaime levantó la mirada y retó al padre. —Por eso puedo hablar con Él. Me puedo entender con Él y pedirle perdón por mí y por todos sin necesidad de...

Obregón dio un manotazo sobre la madera y se puso de pie. El sol poniente doró hasta la hinchazón el altar y el rostro del cura. —Nadie puede decir eso. Siempre se necesitarán dos hombres para acercarse a Dios. Uno sólo no puede. ¿Me entiendes, tú que ya eres un hombre? Uno sólo no puede.

¿Era sólo un niño? ¿Lo comprendería? El rostro levantado y firme de Jaime, retando con el silencio y la altivez al sacerdote, parecía declararlo. Pero no fue en esa afirmación donde Obregón vio al hombre, sino en una sombra de duda que cruzó los ojos del muchacho. Porque Jaime, cuando el padre dijo "Uno sólo no puede", recordó las palabras del minero Ezequiel Zuno. La mano del cura volvió a tocar la cabellera iluminada por la luz más intensa del minuto solar al nivel humano —el sol más cercano, el moribundo.

—¿Cómo te diré? Quiero que comprendas. No quiero obligarte a nada... ¿Has orado alguna vez por otros? Dime: ¿has pedido a Dios que haga un favor a otros? —la voz de Obregón tomó un acento metálico y la mano cayó pesada sobre el hombro de Jaime—. ¿O sólo has desafiado a Dios como me desafías a mí? ¿Sólo lo has ofendido con tu orgullo?

—¿Por qué mi orgullo? —dijo en voz baja el muchacho. El padre se paseó por la sacristía con los brazos cruzados, rumiando la respuesta. Jaime se adelantó: —¿Soy un orgulloso porque creo que debo cumplir las lecciones de Cristo como Él lo hizo?

Obregón le vio la cara encendida, le habló con la voz raspante: —¡Crees que puedes igualarte a Jesucristo!

—Creo que puedo imitarlo.

—¡Cómo te curaré de ese mal!

—No grite usted.

—Te escucho, hijo.

Cuando bajó la voz, el padre Obregón sintió por primera vez, al acceder a las palabras serenas del muchacho, una gran ternura alarmante. La vieja, húmeda, rica sacristía se convirtió, en esa brevísima reflexión del silencio, en un escenario. Dejó de ser el pasillo intermedio, el camerino de las sotanas. El pobre padre Obregón, tan preparado, tan excelente estudiante en el Seminario, había perdido poco a poco, en el estancamiento de la provincia, el hábito del diálogo. Por eso, antes de seguir adelante, pensó que acaso ya no tendría la fortaleza interior para encontrar las palabras justas. Este muchacho que se presentaba armado de su insolencia tenía, por lo menos, la saludable seguridad de las palabras en que creía. ¿Cómo le respondería el pastor? ¿Contaba con palabras reales, ya no con las fórmulas gastadas que contentaban a los penitentes de todos los días, a los campesinos y a las beatas que le pedían consejo? Por esto sintió que el reto de Jaime no era inválido, que le afectaba profundamente. Y por esto sintió, primero lástima de sí mismo, y luego, trasladada al muchacho, una ternura inquietante y poderosa. Fue éste el sentimiento que impulsó sus palabras.

—Antes de que hables, déjame decirte una cosa. Eres un hombre, sí, pero eres muy joven. Tus pecados no pueden ser muy grandes. No pueden ser muy distintos de los pecados de otros hombres jóvenes, como tú. ¿Has pensado alguna vez que hay miles y miles de jóvenes que... igual que tú...?

El sacerdote dudaba si sus palabras eran las justas; se castigaba pensando que las dictaba la debilidad y no el amor verdadero. El joven ya hablaba.

—Cada uno tiene que cumplir su penitencia —decía Jaime con frialdad, mientras Obregón pensaba que había ofendido su ministerio. Pero el muchacho añadió, al observar el rostro angustiado del sacerdote:

—¿Verdad, Padre? ¿Qué gano con pensar que otros pueden ser peores que yo? Yo creo que a mí me toca mi castigo, y que tengo que cumplirlo solo, como si fuera el... único pecador del mundo... padre; ¿cuando los demás no saben que han pecado, no le toca a uno echarse encima sus culpas?

—Hijo, hijo, no te angusties de esa manera —dijo el cura con más seguridad, acercándose al muchacho sentado, inmóvil, en la silla de paja—. Piensa que tus pecados no son sino pecados de tu edad. Sólo pueden ser pecados del amor que empieza a buscarse y a encontrarse a sí mismo. Esto no puede ser malo; no debes pensar que es malo. Después, cuando te toque decidir si ese amor será sólo para ti, o si lo vas a entregar a Dios y al prójimo, entonces sabremos si en verdad haces bien o mal. Tantos se avergüenzan de ese primer amor, que es amor de uno mismo, que después ya no se atreven a darlo. Esto es lo grave, hijo; ésa será tu prueba mañana: saber darles tu amor a los demás. Por eso quiero ayudarte a que ese amor salga de ti sin dolor y sin desesperación. ¡Imitar a Jesús! Pides lo más difícil; si fracasaras, te morirías de desesperación. Por eso necesitas tenerme confianza y comprender que para acercarte a Dios necesitas mis auxilios. O los de cualquier otro hombre.

—¿No importa que sea un hombre muy humilde, o una mujer muy pecadora?

—Por esos vino Cristo. Pero sólo no lograrás nada, ¿comprendes?

—Sí —dijo Jaime—. Creo que sí —sonrió y besó la mano del sacerdote—. Pero padre, yo creo que todo lo que usted dice, todo ese mundo de amor, sólo es posible si yo cumplo la lección de Cristo.

—Eso creemos todos, hijo. Pero para cumplirla necesitas a la Iglesia, que es el cuerpo de Cristo en la tierra. ¿Cómo vas a andar tú por tu camino y la Iglesia por el suyo?

El padre Obregón taconeaba las baldosas de la sacristía con su enorme zapato enriscado. —La Iglesia ya no es Cristo, Padre —volvieron a endurecerse la mirada y la voz del muchacho—. La Iglesia es el lugar a donde vienen doña Asunción y mi tío Balcárcel y todos los demás a sentirse buenas gentes una vez por semana. Vienen aquí como van al teatro o a una fiesta. A que los vean. No les importa Cristo, ni quieren de veras vivir con él. Además, ni pueden.

—No niegues la posibilidad del bien; ni juzgues de esa manera a los demás. Ésa no es Su lección. ¿Crees que tus tíos, tu padre, toda esa buena gente, ha cometido grandes pecados?

—¡Sí! Sí... Todos han hecho daño...

—Pues tú no debes recriminarles el daño que puedan hacer, sino que tú debes haber el bien tú mismo...

Ahora el sol desaparecía, y la sala quedaba en la oscuridad repentina. Durante algunos segundos, Obregón no pudo ver el rostro de Jaime, y estuvo a punto de gritar cuando sintió el cuerpo del muchacho abrazado al suyo, como si la misma noche súbita hubiera encarnado en un desamparo humano. —Padre —decía la voz escondida entre sus brazos— ¿no podremos ser como Él quiso?, ¿no podremos perdonar el mal de los otros, renunciar a todo en nombre de Jesús, tomar igual que Él las culpas y el dolor de todos y metérnoslos en el corazón? ¿Por qué ustedes mismos no lo siguen en todo? ¿Por qué no nos sacrificamos como Él y vivimos en la pobreza y en la humillación? ¡Azóteme...!

El muchacho sollozaba entre los brazos del padre Obregón. Éste se estremecía al acariciar la nuca suave del joven; Jaime sentía asco al oler el penetrante sudor de las axilas y el tufo de la ropa pocas veces lavada del cura.

—Hijo, componte, componte. Me atraviesas el corazón. No llores. Óyeme —decía el sacerdote, sin darse cuenta de que en el abrazo del muchacho una humedad espesa atravesaba la camisa y manchaba sus manos—. Llevo quince años de ejercer mi ministerio. Tengo cuarenta años... Toma mi pañuelo. Suénate, anda... En esos quince años he escuchado la confesión de muchas gentes. Ves, lo admito: sé que el pecado es monótono y parejo. Igual en todos. A veces pienso que esos pobres pecadores ni siquiera merecen la absolución. Toda esa gente no peca gravemente, ni merece una penitencia grave...

—Azóteme, Padre —murmuraba el joven— ...quiero saber cuánto aguanto...

—Componte, Jaime —dijo Obregón, sin sentir aún las manchas de sus manos sudorosas sobre la espalda del muchacho—. Somos simplemente humanos y mediocres. Para toda esa gente que he confesado, para todos ellos vive el cristianismo, no para los seres excepcionales. El santo es una excepción. Pero la religión tiene que atender todos los días a esos hombres y mujeres a los que no se les podría exigir, sin misericordia hacia su condición. que practicasen un cristianismo al rojo vivo... ¿Cómo pedirle a una de estas personas que se hagan cargo de las culpas de todos?

Jaime se separó del abrazo. —¡Usted predica el compromiso! ¡Cristo no quería a los tibios!

Un hondo suspiro escapó del pecho del sacerdote cuando se incorporó. Caminó hasta la cómoda, se levantó la sotana para buscar la cajetilla de fósforos en el pantalón, y encendió dos velas. —El santo Francisco de Sales dijo que a Dios se le servía a la manera humana y de acuerdo con el tiempo, en espera de que algún día se le podría servir a la manera divina y de acuerdo con la eternidad.

La voz, débil, emocionada aún por el llanto involuntario, llegó desde la pequeña silla de paja: —¿Cuál es la manera humana?— Los cuerpos, como el altar, se habían apagado. El padre Obregón sopló el cerillo encendido y una fumarola gris voló nerviosa hasta el techo de la sacristía.

—Dios prefiere que seamos fieles a las cosas pequeñas que su Providencia ha puesto a nuestro alcance. Somos mortales y débiles, y sólo podemos cumplir con los deberes cotidianos de nuestra condición. Hay cosas grandes que no dependen de nosotros. Lo sublime está muy lejos de nuestras fuerzas. Contentémonos.

La voz baja y tranquila, atravesada de piedad, del padre Obregón, sonaba cavernosa en la sacristía. —Tu padre, Jaime, es uno de esos hombres pequeños queridos por Dios. No lo ofendas; trátalo con amor.

—¿Cómo lo sabe? —preguntó Jaime, dando el rostro al Padre.

—Lo sé. Piensa que estás al nivel de todos, y que cada cual, a su manera, cumple la ley divina. Tú lo llamas compromiso; yo le digo misericordia. Ahora vete, que es tarde, y regresa mañana a confesarte en forma. Estoy fatigado, y es tarde.

Jaime besó la mano de Obregón y caminó a la reja de celosía. Sólo entonces tuvo el sacerdote la visión total del cuerpo de Jaime, de la figura vestida con pantalón azul y camisa blanca, que caminaba con dolor, con pasos difíciles. Al llegar a la reja, el muchacho se agarró de un barrote y dobló las rodillas.

—Me pongo malo, Padre...

Sólo entonces miró Obregón sus propias manos manchadas de sangre. El muchacho, con pasos torpes, andaba ya por la nave cuando el padre Obregón comprendió, corrió detrás de él, se hincó a sus pies y, levantando la cara, exclamó: —¡Ruega por mí!

Desde la última banca del templo, el tío Balcárcel veía la escena. Al caer el sacerdote de hinojos, dejó de jugar con la cadena del reloj y trató de adelantar unos pasos para hacer sentir su presencia. La confusión paralizó su cuerpo.

Cuando Jaime llegó a la puerta mayor, el tío trató de tomarle el brazo. El joven se zafó y caminó delante de Balcárcel por los callejones de un azul profundo. Los faroles se encendieron, y el olor quemado de la primavera ascendió desde la piedra.

8

DESDE la noche de Irapuato no había vuelto a ver a Juan Manuel Lorenzo. Ahora habían empezado las vacaciones de primavera; Jaime cayó nuevamente en cama, con fiebre, y la convalecencia se prolongó varias semanas. Leía novelas, bebía limonada y recibía largas visitas de doña Asunción. No se habló más de lo sucedido. La tía tejía con el busto muy derecho y sin tocar el respaldo.

—¡Cómo corre el tiempo! —comentaba Asunción—. Los sobrinos de Pascualina Barona, que apenas ayer eran unos niños, ya van a recibirse. ¿Tú qué piensas hacer ahora que termines la Preparatoria? ¡Ojalá y sigas Leyes! Ése fue el sueño dorado de tu papá, pero ya ves, la Revolución le impidió hacer su carrera.

La señorita Pascualina y doña Presentación dieron en caer todas las tardes. Siempre pasaban con el pretexto de preguntar por el enfermo, y Jaime cerraba el libro y los ojos y las dejaba hablar.

—¿Está dormido?

—Pobrecito. ¡Ay, un muchacho de esta edad es el calvario de los padres de familia!

—No te preocupes, Asunción. A nadie le hemos contado la verdad. Hemos dicho que le dio difteria.

—¡Qué dirían las gentes si supieran que se fue al campo a azotarse!

—Ya crecerá, ya crecerá. Son cosas de la juventud.

Después, las dos mujeres describían a la tía los últimos eventos religiosos, de los que Asunción se había privado por atender al enfermo. Relataban conversaciones con el padre Lanzagorta y comentaban el fondo de sus sermones de la semana.

Balcárcel nunca entró al cuarto de Jaime. Rodolfo sí, y su presencia irritaba a Jaime como ninguna otra. Conocía el paso de su padre, y apenas lo escuchaba en el corredor se hacía el dormido. Rodolfo se acercaba a la cama y se daba cuenta de que el muchacho simulaba. Pero permanecía allí, de pie, con las manos entre los barrotes dorados del respaldo. Con los ojos bien cerrados, Jaime se dejaba arrastrar por un sentimiento de rencor y de rechazo. Era más fuerte que él, y consistía en darle a entender al padre que sería pagado con la misma moneda. Al rencor se oponía la esperanza de que Rodolfo buscaría a Adelina, y esta posibilidad se convirtió en el centro de toda verdad.

Rodolfo entendió que había perdido el cariño de su hijo. No sabía bien por qué motivo. Recordaba los mejores momentos de la niñez de Jaime, cuando los dos recorrían juntos las calles y Rodolfo inventaba historias. Ahora, su vida se arrestraba sin variedad. Durante la semana atendía el viejo comercio de telas, cada xez más pobretón. En las noches, aburrido, se metía a una tanda doble de películas mexicanas. Los domingos en la mañana bebía cerveza con los antiguos amigos del comercio. Los sábados por la noche se escurría de la casa a un burdel del barrio de Pastita. Allí lo esperaba siempre, a las diez en punto, la muchacha pequeña, morena y llena de lunares. La visita de Rodolfo era breve y silenciosa. Jamás cruzó con la muchacha más palabras que las esenciales para arreglar el trato. Nunca se dijeron los nombres. Rodolfo notaba siempre cómo desviaba la vista la muchacha cuando él se descolgaba trabajosamente los tirantes y dejaba caer los pantalones. Cuando salía del cuarto, el siguiente esperaba ya. Y él regresaba, a las once de la noche, lentamente, a la casa de cantera.

Jaime mejoró y se atrevió a preguntarle a la tía si su amigo Juan Manuel lo había buscado. Asunción le dijo que no.

—¿No has escarmentado? Ahora piensa en tu porvenir. Dedícate a estudiar y olvida todas esas cosas raras que traes en la cabeza. Ya ves que he logrado calmar a tu tío; hasta te ha dejado leer lo que quieras ahora que has estado malo.

—¿Y el padre Obregón? ¿Tampoco él...?

—Sí. Dice que dejes pasar un poco de tiempo antes de buscarlo, y que recuerdes bien lo que te dijo. No sé... a veces pienso que el padrecito Obregón tiene sangre de atole. Por algo lo prefieren los muchachos. ¿No debías regresar con el padre Lanzagorta?

—No... no.

—Haz tu voluntad, pues. A ver qué dice tu tío.

—Quisiera ver a Juan Manuel.

—¿No has escarmentado?

. . . .

A principios de mayo, Rodolfo Ceballos comenzó a declinar. Primero sintió una fatiga creciente al subir por la escalera de caracol. Debía detenerse por lo menos cuatro veces durante el ascenso. En ocasiones, los criados —acostumbrados al rechinar de los peldaños de fierro— se asomaban a contemplar la lenta subida del hombre gordo que llegaba del trabajo en mangas de camisa, con los pantalones flojos sostenidos por tirantes de listas rojas. Cuatro, cinco escaños: los dedos tomaban con prisa el pasamanos; parecía que la débil estructura de la escalera no soportaría el peso del cuerpo. Ascendía un poco más; repetía el descanso y la mirada alarmada. Los criados disimulaban sus propias miradas de curiosidad. Después, el comerciante no podía dormir. Durante la noche, Jaime y los Balcárcel escuchaban sobre sus cabezas el chancleteo del sonámbulo de la azotea. "Te va a dar pulmonía", le dijo Asunción. Una de las pocas alegrías de Rodolfo durante las horas del insomnio era contemplar la aurora. El aire finísimo le hacía toser. Era como una pluma blanca que iba llenando de contorno, extensión y luz lo que minutos antes era un vidrio opaco y vertical. A las seis de la mañana, volvía a recostarse y lograba, durante media hora, conciliar el sueño. Un sueño profundo pero alarmante le rodeaba. Sentía que la recámara se llenaba de enemigos y que él, por más esfuerzo que hiciera, permanecía, dormido e indefenso, en el fondo de un pozo. Poco antes de la siete, despertaba, se vestía y bajaba a desayunar. Pedía te y bizcochos. Un poderoso dolor le atravesaba al bajo vientre; se excusaba y, en el baño, orinaba con un placer difícil y punzante. Orinaba a todas horas. La porcelana de la recámara le resultaba insuficiente durante las noches. Debía salir a la coladera de la azotea.

Le entró la manía de reunir retratos de la familia. Hurgaba en los baúles del desván, en los cajones del escritorio de cortina que usó el comerciante Pánfilo; hasta llegó a pedirle a Asunción fotografías de ella,

157

de Balcárcel, del muchacho. Los muros amarillentos de la recámara pronto se llenaron de láminas, algunas viejas, desteñidas y duras, otras recientes y brillantes. Las fotografías, débil inmortalidad semejante a una segunda muerte, confortaban y entretenían de extraña manera al comerciante. Pensaba, en secreto, que los manes familiares disiparían a los enemigos sin facciones del sueño. Sabía, a veces, que se trataba de algo más hondo, aunque muy elemental. Pasaba horas sentado en el sillón desfondado, cumpliendo el repaso de los rostros que colgaban de las paredes. Aquí, un grabado en acero de su abuelo don Higinio Ceballos: ojos claros y fijos. Allá, Guillermina la madre, con la cabeza apoyada de la manera más incómoda. Era, en el óvalo del daguerrotipo, la joven Guillermina, con una masa de bucles sobre las orejas y un ramo de claveles en el regazo. En la cabecera de la cama había colocado una placa sepia de sus padres el día de la boda: ambos con los ojos muy abiertos, la larga cola y el apretado corpiño de ella, las esponjadas barbas rubias y el plastrón blanco de él; y al fondo, un telón pintado que representaba el puente del Rialto y el gran canal veneciano. Otros retratos eran menos suntuosos. El único de Adelina su esposa reproducía a una muchacha flaca y sonriente, sentada en la banca de un jardín. La joven mostraba las rodillas y vestía un jubón negro de los veintes. Una banda de chaquira le ceñía la frente. En otra foto, Rodolfo sonreía tocado por un carrete; tenía de la mano al niño con fleco que chupaba un algodón azucarado. La manía de Rodolfo llegó a tanto, que exhumó del bodegón la litografía de don Porfirio, sin saber exactamente por qué. Pero al sentarse en el sillón a contemplar los rostros inmóviles, se sentía cerca de algo cálido y envolvente.

Adelgazaba. La ropa de un hombre de noventa y seis kilos le quedaba floja, y además de los tirantes debía usar un cinturón que apretase los pliegues sueltos del pantalón. El cuello emergía, flojo y arrugado, de las camisas desinfladas. Vomitaba mucho, y después orinó sangre.

"Decididamente, Rodolfo se ha puesto a régimen para volverse a casar", expresaba con raro humor el licenciado Balcárcel. Y Asunción, al terminar un desayuno, le dijo en voz baja: "¡Cochino! Las criadas se quejan de que haces tus porquerías en la azotea, y... eso... corre por el caño hasta el patio." Sólo Jaime no le hablaba y, sin embargo, era sólo a él a quien el padre dirigía las miradas de amor y la solicitud de ternura, durante las comidas de la familia.

El asedio del padre sobre el hijo se intensificó, como si el viejo supiese que le quedaba poco tiempo para consumar un amor en su vida. La sonrisa enferma de Rodolfo se fijaba, durante las tres comidas, en el muchacho. Bien podía Balcárcel fumigar con su verbo la conducta de propios y extraños. Bien podía recriminar Asunción, con la mirada, la poca atención que Rodolfo prestaba a las palabras del amo y señor del hogar. El viejo Ceballos permanecía con todo el espíritu enderezado hacia su hijo, y Jaime disimulaba este hecho flagrante clavando la cabeza en el plato.

—¡Por favor, tía, dígale que no me mire así! —exclamó Jaime una noche.

—¿Pero qué sucede? ¿Qué comportamiento es ése? —gruñó Balcárcel cuando Jaime arrojó la servilleta y quedó de pie al lado de Asunción. La tirada del licenciado contra los residuos del "jacobinismo trasnochado" de los juaristas fue truncada por el incidente. Balcárcel sintió, con furia, que durante toda su perorata sólo se le había prestado una atención ficticia. —Decididamente, aquí se hace mofa de mi autoridad. Tú siéntate y come. ¡Faltaba más! Ahora mismo vas a repetir la esencia de lo que he dicho. Y usted, Rodolfo, que es la causa aparente de esta falta de respeto, ¿qué dice? Estará usted de acuerdo en que alguien debe imponerse en esta casa, y no veo cómo usted. . .

Pero Rodolfo no variaba la sonrisa paralítica. Continuaba fijando la mirada, intensa, en el joven nervioso.

—¡Le estoy dirigiendo la palabra, Rodolfo! —dijo Balcárcel, hinchándose con un rubor verde.

—Está enfermo, Jorge. . . no sabe. . . —trató, entonces, de intervenir Asunción, justificando a su hermano con la razón que ningún miembro de la familia se había atrevido a pronunciar hasta entonces. Balcárcel se tragó la furia y acató los pactos tácitos del clan: no violentar para no ser violentado, evaporar las circunstancias personales y sólo hablar de vaguedades moralizantes. "¡Ah, sí. . . !", recordó la mujer y pensó que por primera vez hablaba abiertamente de la enfermedad de Rodolfo.

—¡Enfermo! —dijo entre dientes Balcárcel—. Aquí no hay nadie enfermo. Estamos. . . todos un poco cansados y nerviosos, es todo. Que no se hable más de enfermedades —añadió mientras se contenía, buscaba una fórmula de censura, y al fin, impotente, se levantaba apoyando las manos sobre el terciopelo verde de la mesa y solicitaba que le sirvieran el café en la soledad de la biblioteca de cuero renegrido. La luz opalescente de la lámpara caía en un círculo sobre el tapete: la escena cromática parecía reproducir una sala de juego. Los tres permanecieron silenciosos. La tía y Jaime trataban de evitar esa mirada inalterable, esa sonrisa fija de Rodolfo Ceballos. El padre se tragaba con los ojos al hijo. Jaime bajó la cabeza y con un murmullo de permiso abandonó el comedor. Durante varios minutos, los hermanos no se dirigieron la palabra, escuchando primero los pasos del joven sobre las baldosas del corredor, después el ritmo ajeno del gran reloj de la sala. Las dos figuras, con las cabezas inclinadas, quedaban fuera del círculo de luz verdosa. La humedad nocturna de aquel sombrío lugar comenzaba a descender de las vigas y a desprenderse de los muros empapelados. Rodolfo extendió una mano salpicada de pecas y venas grises y jugueteó con una cucharilla. Asunción, con los brazos cruzados bajo el chal, pensaba en el convenio de nunca decir la verdad, de nunca herir con ella a otro miembro de la familia. Reglas, recomendaciones, aprendidas de los padres, que a su vez las aprendieron de los suyos: pequeñas homilías pasadas de generación en generación, indiferentes a la personalidad de cada nuevo ser, aplicables a todo lo porvenir.

—Qué distinto...

—¿Qué? —preguntó Asunción, cuando su hermano rompió el silencio. Había un rasgo final en el rostro de Rodolfo, como si sus facciones ya nunca fuesen a cambiar.

—Qué distinto... lo que somos de lo que pudimos ser.

La hermana le escuchaba con una postura rígida.

Su cuerpo era como una estatua negra y plana, de ángulos góticos. Quería comprender a Rodolfo, ahora que Jaime se hacía hombre y se les escapaba a los dos. Pero sabía, sin atreverse a pensarlo, que comprenderlo equivaldría a insultarlo: la verdad era cruel, y sólo la mentira permitía la convivencia.

—Quién sabe por qué nosotros no fuimos como papá y mamá. A mí... a mí me hubiera gustado ser tan feliz como ellos —iba diciendo con la voz flemosa Rodolfo—. ... ¿Recuerdas que papá y mamá se hayan quejado alguna vez? Éramos muy cariñosos con ellos, todos muy unidos y... y... cómo jugaba papá con nosotros. ¡Qué gran viejo, qué alegre!, ¿verdad?

—¿Te acuerdas cuando trajo a los titiriteros el día que cumplí nueve años?

—¡Sí, sí! ¿Cómo no? —rió Rodolfo, mientras tamborileaba los dedos sobre el terciopelo—. ¡Cómo no! Le gustaba sentir contentos a los demás; ése era el motivo de su alegría. Pero tú y yo...

—Tú y yo hicimos lo posible, Rodolfo. No fue tan malo todo —bajó otra vez la cabeza la hermana.

—Pero es que pudo haber sido tan bonito. Si yo hubiera encontrado una mujer como mi madre, el niño hubiera sido mío y... si tú hubieras tenido un hijo no hubieras querido a Jaime para ti solita. Hubiera sido mío.

Un mal olor de platillos abandonados, de grasa congelada, subía desde la mesa. Asunción se acercó al cuerpo de su hermano y le pasó un brazo sobre la espalda. —Estás malo —le dijo—. No sabes bien lo que dices.

—Sí sé; sí sé que me dejaron solo, que me quitaron a mi Adelina, que con todo y todo me hubiera dado calor y compañía ahora; que ustedes me dejarán morirme solo en mi cuarto...

—¡Rodolfo! —Asunción lo detuvo y le impidió caer de la silla.

—Rodolfo —repitió cuando abrazó el cuerpo sin vértebra. La cabeza del enfermo sonó hueca sobre la mesa—. Yo te previne, ¿te acuerdas?, contra esa mujer. Yo te dije que era indigna de ti y de nosotros. Ahí la tienes; ése era su destino. Es que eres tonto, tonto. ¡Si yo hubiera estado aquí no pasa nada de eso! Era una mujer inferior, no había más que verla. Sólo le importaba tu posición, no te quería.

—¿No me quería? —dijo la voz sofocada y blanda sobre el mantel—. Sí... no sé... sí me quería... y era algo, hay que tener algo... que se deje querer, aunque no nos quiera...

—¡No te quería! No pensaste que no merecía ser la madre de Jaime. Por eso fui yo la madre, porque tú te equivocaste... Sólo tú tienes la culpa.

Asunción escupía sus palabras sobre un rostro yerto y fruncido. También su verdad secreta se aliviaba al hablarle de esta manera al hermano. Rodolfo no quería escuchar. Quería dormir, descansar. Le pidió con una seña que lo ayudase a levantarse.

—Llévame arriba. Me siento mal.

Entonces se escuchó un ruido seco en la sala y Jaime se acercó y levantó a su padre con un abrazo. Rodolfo apretó la cabeza contra el pecho del joven y cerró los ojos y movió los labios para besarle la camisa.

. . . .

Sólo una vez volvió a ver a su padre en la comida de la familia, de pie, vestido. Lo vio, desde la ventana, bajar por el callejón y se dijo que esa figura amarilla, esa ropa demasiado grande para el cuerpo perdido, ese pelo ceniza y esa frente estrecha, esos ojos bulbosos surcados de centellas sanguinolentas, ese además dócil, esa mano pecosa que abría el portón, esa mirada lejana y vacía, era su padre. Rodolfo subió lentamente a la sala, se lavó las manos en el aguamanil floreado del comedor y antes de sentarse dijo que se le iba la respiración. El plato de verduras molidas —lo único que podía tragar sin pena— se enfriaba. Asunción estaba ensartando la servilleta de su esposo en el arco de plata bruñida, y no le hizo caso. "Anda; come, te sentará bien algo caliente." Jaime, que veía al enfermo derrumbarse, no pensó en ayudarlo. Esperaba la solicitud acostumbrada en los ojos del padre. Pero el viejo ya no tenía fuerzas para desear. Buscaba un apoyo, y el muchacho, desde la silla, se dejaba seducir por este espectáculo del derrumbe físico. Rodolfo se detuvo abrazando la columna de lapislázuli. Cerró los ojos, volvió a respirar y salió del comedor. Lo encontraron, después, acostado sobre la cama de su hijo; carecía de poder para subir a la azotea. El médico ordenó que no se le moviese de allí y Jaime pasó a dormir al sofá de cuero de la biblioteca. El cuarto de la azotea le daba asco. "Pero si no es contagioso", le decía doña Asunción. "Te ponemos tus sábanas."

Todas las mañanas, durante las veinte que le quedaban de vida a Rodolfo, el hijo entraba en la recámara ocupada por el moribundo para tomar la ropa que necesitaría durante esa jornada. Jaime le agradecía las palabras que había escuchado durante la conversación de los hermanos. Pero al entrar a la alcoba, no sabía qué decirle, o cómo acercarse a él. La primera luz bañaba el cráneo estrecho del enfermo. Era feo, era un viejo agonizante y feo al despertar, con el rictus sonriente en los labios y las pestañas guesas de legañas. El pelo despeinado le caía sobre las orejas. Cuando Jaime abría el cajón para escoger una camisa, se detenía a escoger, también, una palabra para el enfermo. Pero al levantar el rostro, se encontraba en el espejo, joven, con las facciones recortadas, el vello rubio sobre los labios. Nunca encontró la palabra. Su padre nunca le dirigió la suya. Esperaron.

Pocos días antes de morir, Rodolfo tuvo fuerzas para extender los brazos y tocar la mano de su hijo. Jaime se sentó al lado del enfermo y sintió el repudio de los malos olores, de la sucia pijama de rayas verdes. El cuello sin forma, la barba entrecana y los hombros cubiertos por la colcha temblaron con un afán extraño. El cadáver vivo quería hablarle y trataba de acercar la cabeza del joven a los labios. Esa caverna desdentada y gris movía la lengua inútilmente. ¿Por qué bajaba los ojos el muchacho sorprendido en la succión de la muerte? ¿Por qué desviaba el pensamiento hacia las ideas y las lecturas que aliviaban el dolor que no deseaba sentir? ¿Por qué se justificaba, negando la muerte del padre entre las hojas de un libro, con la certidumbre aprendida de que sufrir y hacer sufrir a los demás es la condición de un espíritu fuerte? Trataba de recordar el pasaje del Evangelio sobre las casas divididas; lo mezclaba con alguna cita de Nietzsche. Pero algo más que las ideas, la diferencia de años o la distancia personal los separaba. Jaime, sentado junto al cuerpo de su padre, gesticulaba la juventud y la vida. Rodolfo, con los brazos grises extendidos fuera de la sábana, parecía victorioso de su muerte. El moribundo se afirmaba en su estado; el vivo en el suyo. Ninguno quería saber nada del contrario. Cada cual hubiese querido ver, en el otro, un reflejo, no una negación. Sólo se hubiesen aceptado en una situación idéntica. No fue así esta mañana de Guanajuato. Por eso Jaime no quiso escuchar las palabras que al fin brotaron de la garganta del padre como burbujas de un hervor apagado. El hijo, con la cabeza pegada al pecho del enfermo, contenía la respiración. "No vivimos mucho", decía la voz inasible. "Morimos mucho, mucho tiempo." El médico tocó con los nudillos. Jaime agradeció la interrupción y se puso de pie. Pero regresó, obedeciendo a un impulso definitivo, y apretó la mano del padre.

Asunción lo despertó a las cuatro de la mañana. Los gallos helados acompañaban el llanto de la tía. Era una madrugada azul, que iluminó de metales el rostro rígido de Rodolfo. Las venas de sus manos azules apretaban un crucifijo. Sólo las sábanas brillaban blancas: la luz metálica se había ceñido al contorno del cadáver. Jaime permaneció en el umbral y pensó que su padre había muerto en esta recámara de juventud, sobre el lecho de sus diecisiete años. Trató de sofocar el llanto que se le salió por la nariz y la boca. Ahora su padre —esas manos azules, esa sábana brillante— ya no tenía nombre.

El tío Balcárcel se mantenía de pie, con la mano clavada en el chaleco. Se había colocado la máscara de mayor severidad. Asunción lloraba arrodillada. El padre Obregón se levantó de su puesto junto a la cabecera y dijo en voz muy baja: —Siempre llegamos tarde—. Al pasar al lado de Jaime le observó con seriedad. —Búscame pasado mañana, hijo.

—*Requiem aeternam dona eis, Domine...* —murmuraba, llorando, la figura plana y oscura de Asunción.

Balcárcel salió al corredor y arqueó las cejas. —Tarde o temprano, a todos nos toca.

Ya no tenía nombre; ya no era posible el último gesto de amor. Lo que le había pedido, todos los días, durante los últimos meses. Jaime sintió el impulso de acercarse al cadáver y besarle la frente. Un sentimiento de mentira lo detuvo. Desde la puerta, hubiese querido hablarle a la figura encogida, envuelta en la sábana. Hubiese querido pedirle compasión por el orgullo y la juventud.

—Decididamente, fue un buen hombre —sentenció Balcárcel—. Muy poco disciplinado, pero bueno, eso sí.

—*... et lux perpetua luceat eis...*

El agente de pompas fúnebres llegó a las seis de la mañana.

—Caso perdido; cáncer en el estómago —le dijo el médico. Luego les pidió a todos que salieran de la recámara.

9

CUANDO EMPEZARON a arrojar las paletadas de tierra sobre el ataúd, Jaime no podía contener la amarga alegría que le inundaba el pecho. Como no podía comprender el sentimiento de liberación que le asaltaba a medida que los restos de su padre iban desapareciendo bajo la segunda mortaja de lodo. Había llovido durante los últimos días, y la caja del muerto parecía flotar sobre el fondo arcilloso, como una carabela dispuesta a partir apenas se retirase el cortejo fúnebre.

"Tienes que quedar bien con nuestras amistades", le había advertido Asunción. "Es la primera vez que te toca ir al entierro de uno de la familia. Te pones una corbata negra de tu tío y recibes el pésame en fila con nosotros. No nos hagas quedar mal."

Allí estaba ahora, dando la mano a don Chema Naranjo, a doña Presentación Obregón y a la señorita Pascualina, al decrépito tío J. Guadalupe Montañez, al poderoso señor Maximino Mateos, a las Hijas de María, al padre Lanzagorta. Los rostros compungidos y los puños apretados y las palabras de consuelo se sucedían idénticas. Jaime movía la cabeza como si afirmase algo. Ninguna de estas personas le había tendido la mano a Rodolfo Ceballos en vida. El comerciante gordo había sido, a lo sumo, pretexto para algunos chismes olvidados. Nadie le había tendido la mano; menos que nadie su hijo —se dijo Jaime cuando recibió el último abrazo de condolencia.

—¿Puedo quedarme solo aquí un rato? —les preguntó a los tíos cuando la fila de dolientes partió del cementerio. Balcárcel se encogió de hombros. —No tardes —le susurró Asunción—. Tu tío tiene una junta a la noche de la que no se pudo excusar. Acompáñame a cenar, por favor.

Y Jaime caminó por el sendero de cipreses, apresurando el paso, buscando intencionalmente las ramas más bajas de los árboles, sintiendo las gotas de humedad sobre el rostro.

Había una persona al lado del hoyo donde yacía Rodolfo Ceballos. Era Juan Manuel Lorenzo, extraño en su saco azul apretado. Los amigos se tendieron las manos.

—Esperé... a que los demás se fueran, Ceballos.

—Gracias, Lorenzo.

—Te busqué... ahora que estuviste enfermo... ¿Te dieron mis recados?

—No.

Caminaron de regreso. Cada uno tenía la seguridad de que el otro no rompería el silencio. Desde la colina del camposanto, un cielo plomizo corría velozmente sobre Guanajuato. En el anochecer, los vapores de la ciudad se despedían, una vez más, de la jornada. El barniz de los carpinteros, las pezuñas quemadas de las herrerías, el humo menudo de las cocinas humildes, ascendían al techo de ráfagas grises y llenaban los pulmones de Jaime y Juan Manuel. Las campanas de los templos y el cencerro de los burros sonaban en contrapunto. Brillaban más, bajo las nubes plateadas, las cúpulas de la ciudad colonial, los muros azules de sus callejones sinuosos y el caserío blanco que arañaba las laderas de las hondonadas.

—Te esperé... al día siguiente... para irnos a trabajar... juntos —dijo Juan Manuel cuando descendían la abrupta pendiente.

Jaime se zafó la corbata negra y se desabotonó la camisa. —¿Sabes? Aquella mujer a la que le decían la Fina...

—... es tu madre, Ceballos.

Jaime pateó una corcholata. —¿Cómo lo sabes?

—Lo sé desde hace mucho... Ella... siempre lo dice... Siempre que va a ese lugar...

—¿Por qué no me lo habías contado?

—¿No fue... mejor... que tú lo averiguaras... por tu cuenta? ¿Por qué no le dijiste quién eras, Jaime?

—¿Tú lo hubieras hecho?

—Sí... Yo no me hubiera avergonzado.

—¡Yo no me avergoncé!

—Tú también... te avergonzaste... igual que tu padre... y tus tíos.

—Juan Manuel, Juan Manuel.

Se detuvieron. La campiña húmeda recogía a manos llenas los olores más profundos de la tierra. Los amigos, por primera vez, se llamaban por sus nombres.

. . . .

Asunción esperó a Jaime hasta las nueve de la noche. La cena se enfriaba sobre el mantel de terciopelo verde del comedor. A la cabecera de la larga mesa, la figura solitaria e inmóvil de la tía semejaba uno más de los doce respaldos. Don Pepe Ceballos, su padre, había ordenado las doce sillas para acomodar a una familia numerosa y a los cotidianos invitados. Familia de ocho comensales en la época del fundador don Higinio. Diez durante la regencia de Pepe: la tiesa Guillermina, los hijos Asunción, y Rodolfo, el hermano Pánfilo, los parientes pobres Lemus, la abuela andaluza doña Margarita, el novio de la muchacha. Y ahora sólo ella, esta noche, sin su marido y sin Jaime.

A las nueve pidió que le calentaran una taza de chocolate. Después se arropó en el chal de estambre y se paseó a lo largo de la sala, atisbando de vez en cuando entre las cortinas de los balcones. Una finísima lluvia caía como hilos de telaraña. Enderezó el cuadro del Gobernador Muñoz Ledo, el que adornaba la principal pared de la estancia. Descendió al patio y subió por la escalera de caracol a la pieza que había ocupado su hermano. Olía a él. Descolgó, uno a uno, los retratos de la familia que el muerto había reunido durante los últimos meses.

Al salir, cerró con llave la puerta de la alcoba. Quiso imaginar la casa en sus mejores tiempos, cuando la servían diez criados; cuando ocupaba toda la manzana y albergaba carruajes y caballos.

Bajó nuevamente, con los retratos entre los brazos, y se encaminó al bodegón de la entrada. Hacía mucho que no visitaba la vieja caballeriza. Colocó los retratos sobre el baúl y pisó las alas de una mariposa seca.

En eso se había entretenido a los trece años. En juntar con cariño su colección de mariposas. Recordó que habían sido su pasión, y que hasta cuando salía de vacaciones llevaba las cajas con tapa de vidrio.

Se agachó para recoger las alas pisoteadas. Debajo del polvo acumulado brillaban todavía los colores azules y negros. Acarició con amor lo que quedaba de la mariposa.

Entonces, al recordar su entusiasmo adolescente, pensó por primera vez que el futuro no le ofrecía nada.

También cerró con llave, cuando salió, las puertas del desván.

. . . .

La lluvia hacía brillar los sacos azules de los dos jóvenes. El *chipi-chipi* había comenzado a las siete de la noche, pero los amigos estaban acostumbrados a caminar bajo esa llovizna fina, pertinaz y eterna. Ahora desparramaban la espuma de la quinta botella de cerveza sobre el mostrador y reían. Nunca habían bebido tanto; pero si el alcohol no parecía afectar a Juan Manuel, Jaime movía los brazos, gesticulaba, se pasaba la mano por el pelo húmedo y despeinado, y perdía continuamente la dimensión de las paredes y de los objetos que se le venían encima. Había oído decir que las cosas ondulaban; lo que él sentía era que espacios limitados de pared y objetos singulares se aislaban del conjunto y se le arrojaban a la cabeza.

—... y ahí estaba siempre ese baboso de Mateos tratando de escandalizar a las niñas del colegio con sus porquerías —decía Jaime mientras palmeaba los hombros de su amigo. —¿Tú nunca te confiesas, verdad?

Juan Manuel negó con la cabeza.

—Haces bien. O de repente haces mal. Ese buitre canalla del padre Lanzagorta me dijo unas cosas, ¡caray!, me dijo unas cosas... Oye, Manuel, ¿tú has estado con una vieja alguna vez?

Juan Manuel volvió a negar.

—¿Vamos yendo? Vamos. ¿Tienes dinero? Yo tampoco.

Jaime se quitó el reloj de la muñeca.

—¿Cuánto me da? —le dijo al cantinero.

—¿Es para pagar el consumo?

—No; para eso tenemos, seguro que tenemos.

—Así es distinto. Le doy cien pesos, joven.

—Vale quinientos.

—No.

—Cien y el consumo.

—Juega.

—Quédese con él. ¿Dónde hay mujeres? El mejor lugar...

—Aquí, en el barrio de Pastita, hay una casa muy buena.

—Vamos.

—Digan que los mandé yo.

—Cómo no. Gracias.

Volvieron a caminar bajo la llovizna. Jaime se sentía muy distinto y hasta se puso a cantar. Se abrazaba a Juan Manuel; se detenía en el cuerpo firme del amigo.

—¡Qué contento me siento!

—Es que...

—... *subí a la palma, palmero...*

—... te da gusto estar vivo.

Jaime rió mucho: —Tú todo lo ves, ¿verdad? ¡Hasta el fondo del alma!

Tardaron en abrirles.

—Todas están ocupadas. Si gustan pasar a la sala y tomar algo...

La sinfonola tocaba un danzón y los pasillos estaban en penumbra. Una gran alharaca se levantaba desde la sala. Los cuartos daban sobre el corredor repleto de macetas. Una muchacha pequeña, morena y llena de lunares, salió de una las piezas. Se fajaba la blusa; vio a Jaime y le tomó del brazo.

—¿Para qué vas más lejos?

—¿Para qué, verdad?

—Cien.

—Sólo te puedo dar cincuenta, señorita, para que mi amigo pueda también.

—Está bueno.

Luego se le bajó la cerveza y se dio cuenta de que tenía miedo. Un temblor incontrolable se apoderó de él. Soplaba entre las manos y sólo podía decir: —¡Qué frío hace!

Ella le preguntó si era la primera vez, y él lo admitió.

—¿Cómo te llamas?

—Este... Rodolfo. ¿Y usted?

—Olga, tú.

La muchacha llena de lunares apagó la luz.

Cuando salió del cuarto, Jaime gritó el nombre de Juan Manuel y el amigo le respondió desde otro cuarto. La alharaca de la sala no terminaba. Sólo había estado diez minutos con la muchacha.

—¿No fumas? —le dijo la mujer de los lunares cuando salió detrás de él. Jaime dijo que no.

—Vente; vamos un rato a la sala, para que conozcas el ambiente. Ya sabes que aquí estoy todo el rato, menos el domingo.

Recorrieron los pasillos sin luz. La sala se encontraba al fondo. La mujer apartó unas cortinas, se abrazó a la nuca de Jaime y entró. Un grupo de mujeres y hombres bailaban y reían con gran estrépito. Jaime reconoció, sentado sobre el sofá y con aire de presidirlo todo, a don Maximino Mateos. Encima de la mesita de la sala, sin zapatos, sin saco, con grandes manchas de sudor debajo de las axilas y un gorrito de crepé sobre la cabeza rala, el tío Jorge Balcárcel bailaba solo, con una botella de ron entre los brazos. Todos reían mucho y agitaban los brazos, pero Jaime empezó a reír como ninguno, y le contagió la risa a su compañera. Los dos se doblaban, con carcajadas interminables.

Balcárcel vio a Jaime y se paralizó en una posición ridícula. Jaime besó en la boca a la muchacha de los lunares y salió de la casa.

10

Durmió hasta las once de la mañana. La muerte del
padre lo dispensaba de asistir a clases, y los tíos, ese
día, no se habían atrevido a entrar a su recámara.
Balcárcel se levantó más temprano que de costumbre
y desayunó sólo. Asunción apenas tuvo tiempo de
advertirle que esa noche se iniciaba el novenario
de Rodolfo.

En la tarde, Jaime fue a visitar al padre Obregón.
El cura le esperaba, con el rostro endurecido, al pie
del altar mayor. Movió rápidamente el brazo para
indicarle que le siguiera a la sacristía. Ocuparon los
mismos lugares de la entrevista anterior. Pero esta
vez ningún gesto de duda, ningún ademán de ternura, escapó de la persona del sacerdote.

—Quiero que me confiese... —sonrió Jaime, ansioso de decir a un confesor, por primera vez, que por
vez primera había estado con una mujer. Sólo encontró el semblante duro, la postura inviolable del
sacerdote.

El rostro mal rasurado de Obregón se encendió:
—¡Y pensar que tuve fe en ti, que te creía un señalado por Nuestro Señor! Sí: creí que eras un muchacho puesto aparte, capaz de cumplir heroicamente los
deberes del perdón y la caridad...

Jaime sintió, sin aviso, que una parte de su persona
se moría. Pero no comprendía muy bien. Pensó que
el cura se refería a la noche pasada, que había averi-
guado su visita al prostíbulo el mismo día que ente-

rraron a su padre. Quiso hablar, pero el sacerdote lo silenció.

—Confesé a tu padre el último día que estuvo de pie y la noche en que agonizó. No esperaba de la vida sino tu amor. No quería morirse sin eso. Pero tú no se lo diste; no fuiste capaz de un solo gesto, así fuera simbólico. Lo condenaste a morir en el dolor y la desesperación. Eres un cobarde, ¿me entiendes?, un cobarde, y has pecado contra el espíritu... has...

La ira del padre Obregón le ascendía en oleadas rojas a la cara; le costaba pronunciar las palabras de reprobación.

—¡Te has atrevido a venir, lleno de orgullo, a hablar de la imitación de Cristo, del verdadero amor a Nuestro Señor! Y no has sido capaz de darle el más mínimo amor a tu padre.

—Padre...

—Sólo te amas a ti mismo, y a los demás les otorgas tu orgullo disfrazado. Eres un fariseo más.

—Padre, por favor; no me trate así. Escúcheme.

Obregón dio otro manotazo sobre la gran silla de madera. —¡No voy a permitir que me sigas engañando con palabras! Escúchame a mí con mucha atención. Tú saliste un día a herirte físicamente...

Jaime volvió a sentir las manos calientes del padre Obregón sobre sus heridas la tarde que Balcárcel lo condujo a confesión contra las advertencias del médico. Volvió a sentir el fuete de espinas sobre el pecho. Quería pensar que había salido a lacerarse como un acto de penitencia. El rostro satisfecho de Balcárcel, la mueca frustrada de la tía Asunción, la languidez temerosa de su padre, el horror de su madre en la piquera de Irapuato, dibujaban sus formas en la memoria de Jaime. Había salido, aquel día, a lacerarse en nombre de ellos, y a pagar las culpas de ellos. Un fuetazo por perdón a Balcárcel, otro por misericordia a Asunción, otro por la culpa de Rodolfo: todos por el pecado de la soledad y el abandono de su madre.

Esta espina por el dolor de ella; todo el acto para decirle a Dios que él asumía la miseria y el egoísmo de su gente.

—Sé lo que piensas: que aquel fue un acto heroico, una penitencia para lavar el mal cometido por otros...

—¡Sí! Fue por mi madre, se lo juro...

—Pues sólo fue un gesto de desafío y de desesperación, entiéndelo. Sólo querías justificarte a ti mismo. La única penitencia válida es la que no juzga a los demás. La única penitencia válida es la que asume la culpa ajena por amor, y la que no espera recompensa. ¿Qué esperaste tú, joven? ¿Una traducción tangible de tu penitencia? ¿Un milagro que recompensara tu dolor voluntario?

—Sí, sí... tuve fe...

—¿Que cambiaran los hombres sus costumbres de la noche a la mañana porque tú te laceraste? ¿Que la naturaleza humana se transformara súbitamente gracias a ti? ¡A ese grado eres orgulloso! ¡Y cobarde!

—¿Qué debía haber hecho, padre?

—Haber tenido el valor de descender hasta esa infeliz mujer abandonada, decirle quién eras y recompensarla con tu amor. Eso debías haber hecho. Haberle dado a tu padre tu amor, y no acumular agravio sobre agravio. A nadie le has dado nada.

—¿Qué debo hacer...?

—Busca a tu madre y quiérela de veras, a ella tal y como es. No ofendas más a Dios con el odio. Ama a los que tienes cerca, a tus tíos, por más que te cueste: esto es más difícil que salir al campo a darse fuetazos. Ayuda a tus tíos, no los odies.

—¿Ayudarlos?

—Sí. Amándolos. Ése es tu deber.

—¿Cómo?

—Sin decir nada; amándolos a pesar de todo el daño que creas que han hecho. Óyeme bien: el amor se prueba con hechos, no con palabras. Tú sólo has venido a ofenderme con palabras, pero no has sido capaz de un solo acto de amor verdadero. Me duele tu cobardía, porque tuve fe en ti, por eso...

Con la misma mueca de su llanto infantil, Jaime bajó la cabeza. ¿Quién era Obregón para hablarle así? ¿Quién era este hombre disfrazado, que no sabía de las pasiones verdaderas de los hombres, que se había castrado voluntariamente al colocarse esa sotana? La sensación de una carne desnuda de mujer entre sus brazos, la vergüenza por la acusación que le lanzaba el padre, se confundían en la cabeza de Jaime y le nublaban la inteligencia.

El muchacho salió corriendo de la sacristía y el sacerdote permaneció sentado y después se cubrió el rostro con las manos.

("Dios mío. ¿He hecho bien o mal? Nadie me trae problemas; los pecados de esta pobre grey son tan monótonos y simples. He perdido la costumbre de los otros problemas. ¿He ayudado a este muchacho diciéndole la verdad? ¿O lo he frustrado? ¿He fortalecido o quebrantado su fe? Dios mío...")

Pero al sentarse a cenar, el chocolate caliente le convenció de que había hablado bien, muy bien... Nunca había tenido oportunidad de hablar así, de demostrar que sus estudios en el Seminario no habían sido en balde. Muy bien, muy bien...

. . . .

El espíritu turbado del joven agradecía el respeto de esa primera noche de la novena. Se hincó al lado de la tía Asunción y cerró los ojos. Pronto olvidó la imagen del padre Lanzagorta, agarrado al púlpito como un león desdentado a los barrotes de la jaula; dejó de escuchar el sonsonete parejo del Padre Nuestro y del Ave María, del *Requiem aeternam* y del *Ora pro nobis*. No se dio cuenta de la mirada vergonzante del tío cuando ocupó su lugar en la banca. Se sustrajo de la presencia de todos los amigos de la familia que habían ido a rezar por el eterno descanso del pobre comerciante gordo. Estaba solo con el Cristo negro de su adolescencia, con la escultura sangrante y retorcida que esta noche volvía a hablarle, como durante aquella Semana Santa de su despertar.

—¿Tengo un destino mío, Señor?

—Pero no estás solo, mi hijo.

—Señor, no quiero engañarme más. Creí que yo solo, obedeciendo tu lección, sería un buen cristiano...

—Pero no estás solo, mi hijo. Mi lección sólo se cumple al lado de los demás.

—Señor, te digo en secreto que no tendré el valor de descender hasta ella; te confieso que su mundo me llena de horror, que no sabría de qué hablarle, que no aguantaría esas palabras de ella, ni la suciedad, ni la mala educación, o las habladurías de toda esta gente que está aquí...

—Tu mejor amigo es un muchacho muy humilde...

—Señor, te digo en secreto que Juan Manuel me hace sentirme tranquilo con mi conciencia, igual que mi desplante de ir a trabajar a Irapuato.

—Sientes que le haces un favor a tu amigo. No lo quieres de verdad.

—No... sí...

—Lo sientes fuera de ti y crees que puedes inclinarte a darle la mano sin perder tu dignidad; pero confundirte con la vida de tu madre no sería lo mismo. Entonces sí que estarías al mismo nivel de los humildes. Pero tú sólo amas a los humildes desde arriba.

Los ojos de plata del Cristo negro se clavaban en los de Jaime.

—Señor, ¿qué debo hacer...?

—Quien quisiera salvar su vida, la perderá; pero quien perdiere su vida por amor de mí, la salvará.

La voz de Cristo se alejaba, vencida por la tenacidad del *Ora pro nobis*.

Arca de David,
Arca de la Alianza,
Salud de los enfermos,
Estrella matutina...

Abrió los ojos. Vio a la tía Asunción a su derecha. Inclinaba la cabeza y cantaba la letanía. El tío Balcárcel mantenía la mirada fija en el púlpito. Jaime no se mintió: se sentía satisfecho con la pequeña victoria de haberlo visto en el burdel. Nunca volvería a reprocharle nada. Lo aceptaría como era, hipócrita, débil, farisaico, humano.

De regreso a la casa, fue retrasando el paso para alejarse de las figuras silenciosas de los tíos. El disgusto y la complacencia batallaban dentro de él. Sentía una intranquilidad apremiante, que se negaba a ser suprimida. Los Balcárcel se alejaban: no quería ser como ellos; y, sin embargo, qué segura tranquilidad le invadía al pensarse como ellos. Se veía más alto, prolongado entre las sombras por la luz de los faroles. Cuando clavaba las manos en los bolsillos del pantalón, cuando encogía los hombros de una manera peculiar o caminaba con un paso decidido aunque lento, estaba figurando ya, sin saberlo, nuevas actitudes que lo acompañarían toda la vida. Y el rostro, sin saberlo, imitaba algunos gestos característicos del tío, de don Maximino Mateos —incluso pudo haber creído, de observarse en un espejo, que imitaba la sonrisa del candidato presidencial Alemán, cuya efigie, expuesta en grandes carteles, cubría los muros del trayecto.

No: él era Jaime Ceballos, el joven que caminaba de la iglesia a la casa, del novenario a la cena, con el ceño cruzado por una línea muy reciente, con la cabeza definida por movimientos alertas en los que la decisión disfrazaba los temores: ojos profundos en los que se había perdido el asombro de antes; dispuestos a la aceptación sin interrogaciones; sólo asombrados de que el misterio ya no estuviese allí.

Pudo haberse preguntado en qué instante la cabeza rubia del niño —esa invitación a la caricia protectora— se había levantado con un mínimo reto que, en verdad, dejaba de retar para convertirse, apenas, en el rasgo estereotipado de la juventud conforme, obediente de una ley no escrita según la cual los jóvenes deben mirar con indiferencia, casi con desprecio, al mundo.

Pero todas estas nuevas actitudes le pasaban desapercibidas. Sólo, en un apoyo secreto de la conciencia, chocaban esas fuerzas del disgusto y la tranquilidad.

Porque todo había sido —pensó ahora, cuando los muslos le dolieron, en el ascenso más vertical de los callejones entrelazados— tan sencillo, tan diferente de lo que había pensado. Los teoremas complejos del amor y el pecado, de la caída y la salvación, que había trazado en su mente. Y esta sencillez plana, vulgar, de los hechos reales: fornicar, conformarse, morir. Se dijo que era un muchachillo ridículo. Un niño pendejo, lo había llamado una vez Pepe Mateos, a la salida de la escuela, y él había permanecido allí, quieto, convulsionado, con los puños trémulos y abiertos y la cara roja, incapaz de contestarle, incapaz de arrojarle al rostro todo lo que traía adentro: el misterio de su adolescencia y de sus ideas. Esta noche pensó que Pepe Mateos tenía razón. El niño tonto se imaginaba que la vida se detenía a cada instante, como para celebrarse a sí misma y otorgar a cada acto un valor final. Y no era así; corría, no se detenía jamás; hoy arrojaba en los brazos rápidos de una prostituta, mañana apresaba a un hombre entre dos gendarmes, otro día se emborrachaba en una cantina, al siguiente se escurría dentro de un féretro. Los Pepe Mateos, los Jorge Balcárcel tenían razón: aquí se viene a rellenar el tiempo que casualmente nos regalaron con palabras rápidas y acciones ligeras.

Jaime sabía que a una cuadra se levantaba la casa ancestral. Disminuyó el paso. Tenía decidido, inconscientemente, adoptar una actitud definitiva durante la cena. Quiso pensarse envejeciendo, igual que el tío Balcárcel, igual que su propio padre. ¿Él, Jaime Ceballos, sentado a los cincuenta años frente a un mostrador o un escritorio colmado de legajos? ¿Él, el protagonista de una aventura que aún no le abandonaba, que aún quería consumirse en la identidad con las pobres, las grandes palabras del espíritu cristiano?

El abismo de la soledad se abrió al filo de la acera empedrada. Los tíos habían dejado abierto el portón de la casa, y por él se asomaba el gato gris de doña Asunción. Una moneda caliente se fundió en el estómago de Jaime. Como el Domingo de Pascua, se sentó en la solera y dejó que el gato se arrimara, caliente y sensual, a sus piernas. Frotaba el cuerpo suave contra la rodilla del muchacho, y los ojos cerrados traducían una satisfacción ciega en el roce y el cariño.

Jaime nunca habría podido explicar por qué, con tamaña decisión, con actos tan seguros, tomó la piedra que atrancaba el portón, la levantó y la dejó caer sobre el cráneo de la bestia. El maullido seco del gato, sus ojos redondos y plateados abiertos con luces de azoro y súplica, rasgaron por un segundo el ojo y el oído de Jaime: con la planta del pie, sofocó el estertor del animal, hasta que las patas se levantaron, rígidas, y un pequeño temblor erizó los pelos suaves y grises: así permanecieron, esponjando el cuerpo. Y él frente al gato muerto, con la mirada abierta y la sangre corriéndole como un arroyo descongelado. La mirada de Jaime; la sangre de Jaime.

Se retrajo instintivamente hacia la casa. Caminaba hacia atrás, hipnotizado por el gato abierto. Se mordió un dedo. ¿A quién le diría lo que había hecho?

¿Con quién se descargaría? Trató de convencerse, mientras se mordía el dedo, de que era sólo un gato, de que matar a un gato no tenía consecuencias. Detrás del primer pensamiento le pulsaba otro, esta vez con claridad, complacido y conmovedor a un tiempo, que se cerraba como un nudo en su cerebro. Quería justificarse. Quería pensar que a él le estaba permitido matar a un gato. Que éste era el premio de libertad merecido por el joven que se había flagelado, que había tomado sobre su conciencia el mal ajeno, que había hecho de su espíritu una morada del Evangelio.

Quiso perderse en la piedra de los altos muros. Se acurrucó, semejante a un animal enfermo, en la sombra del corredor. El cerebro le bailaba: las ideas, como las capas de una cebolla, se desprendían unas de otras, sin fin.

Corrió con la parábola de un látigo al zaguán y lo cerró de un golpe. Allí, con la cabeza recargada contra la madera verde, rogó ser como todos los demás. Rogó a otro Dios, nuevo, desprendido del primer Dios de su primera juventud, que lo salvase de las palabras extremas del amor y la soberbia, del sacrificio y el crimen, confundidas esa noche en una sola palabra de terror ante un gato muerto.

Abrió los ojos.

Lo importante era esconder esa carroña. Empujó en secreto el portón; recorrió con la vista los extremos de la calle; alargó la mano y tomó la cola del gato: al ser arrastrado, el animal dejaba una raya rojiza sobre la piedra. Jaime sacó el pañuelo y arropó el cráneo roto. Tomó al gato entre los brazos y corrió al patio; lo dejó caer en la fuente de cantera.

Se lavó las manos mientras el cuerpo esponjado del animal se hundía con lentitud.

Anudó el pañuelo y lo metió en el bolsillo. Sería la hora de la cena. Subió la escalera con paso seguro.

. . . .

Esa noche, durante la cena, Balcárcel no promulgó sentencias morales. Jaime no podía borrarse la sonrisa de los labios. Balcárcel estaba vencido; Jaime tendría la libertad que quisiera. Hablaría con autoridad en la mesa; saldría y regresaría a su gusto. El tío nunca volvería a oponerse a él. Asunción miraba con extrañeza al marido, y en seguida al sobrino. La comida transcurrió en silencio. Jaime sentía el nudo empapado del pañuelo en el bolsillo.

—He decidido entrar a Leyes el año entrante —dijo Jaime cuando sirvieron el postre.

—¡Hijo, qué alegría! —dijo Asunción, acercándose a besar la frente del sobrino.

—Don Eusebio Martínez —tosió Balcárcel, y se tapó los labios con la servilleta— insiste en que entres al frente juvenil a tiempo. Las elecciones son el mes entrante, pero se trata de que los muchachos sigan colaborando con el Partido, y...

—Está bien. Si quiere usted dentro de unos días voy a visitar al señor Eusebio.

—¡Ay, hijo, me da tanto gusto verte así! ¡No sabes cuánto he rezado! ¿Sabes? Los sobrinos de Presentación dan una fiesta el sábado, y aunque estamos de luto, le dije que si ibas nada más a merendar y no bailabas, no había inconveniente... Ya estás en edad de conocer señoritas de tu clase y tener una novia...

—Ahora que entres a Leyes puedes empezar a trabajar en la oficina —volvió a toser el tío, siempre con la servilleta sobre los labios y la mirada alejada de la de Jaime—. Algún día tendrás el deber de conducir esta casa y mis negocios. Además, verás qué sabroso es cobrar los primeros pesos ganados por esfuerzo propio.

—Un hombrecito tiene muchos deberes —dijo Asunción al colocar la mano pálida sobre el hombro de Jaime—. Hay que cuidarlo y encarrilarlo bien. No te preocupes por nada. Aunque has perdido a tu papá, nos tienes a nosotros para ocuparnos de todo. Tú no te preocupes por nada.

—Voy a salir un rato —dijo Jaime, y se excusó. Balcárcel se contuvo y Asunción dio gracias por las nuevas actitudes de los dos hombres.

El muchacho descendió lentamente la escalera de piedra. No; no se mentiría más. Renunciaba a todo. Pedía paz. "Ya nada tiene por qué preocuparme. Que los demás se ocupen de mí y se fastidien por mí y organicen mi vida." Se acercó a la puerta del bodegón donde había soñado, donde había leído sus libros de adolescente. Donde se había encerrado a roer el hueso de sus ensueños personales, donde había inventado sus mentiras de caridad e ira y rebelión cristiana. Quería despedirse del querido bodegón. Pero la tía había cerrado con llave la noche anterior.

Escuchó el chiflido esperado de Juan Manuel Lorenzo y salió a la bajada del Jardín Morelos.

—Me entretuve anoche, Ceballos —dijo sonriente el joven indígena—. Ya no estabas... cuando salí.

—Vamos caminando, Lorenzo.

¿Sería la última vez que caminaran juntos por los

callejones? Una profunda añoranza se removió en el pecho de Jaime.

Recreó todas las ideas cambiadas con su amigo, cuando cada uno, en el centro de la adolescencia, se atrevía a afirmar sin dudas la fe y la decisión de llevar el pensamiento a la práctica. Dueño, cada uno, de un cuerpo nuevo, de una cabeza nueva que pensaba lo que nadie había pensado antes. Dueño, cada uno, de una nueva voluntad, capaz de transformar al mundo: soledad maravillosa, diferencia y separación maravillosas que hoy morían.

No —se dijo cuando ascendieron en silencio hacia Los Cantaritos—; amaba a Juan Manuel. Esto no era una mentira. No conocía a su madre, no podía amarla en verdad. Pero a Juan Manuel, a su amigo de adolescencia, sí. En este punto no habría traición; Juan Manuel sería su amigo para siempre, contra los tíos, contra el círculo de costura y los curas y las Hijas de María.

—Me voy de Guanajuato, Ceballos... Me han ofrecido un trabajo mejor... con los ferrocarriles... en la capital. Voy a entrar al Sindicato... Seguiré estudiando, si puedo...

—Juan Manuel...

—¿Me buscas... si algún día vas... por allá?

—Tenía tantas esperanzas de que creciéramos juntos.

—Ya... crecimos juntos.

—¿Seremos iguales, de grandes?

—No, amigo... Vamos por caminos distintos... ¿Para qué engañarnos?

—¿Por qué crecemos, Lorenzo? ¿Para qué? Ojalá siempre fuéramos niños. Ojalá nos quedáramos en anuncio, con nuestro secreto adentro. Así nunca lo traicionaríamos.

Jaime se detuvo y dio la cara a Juan Manuel.

—He fracasado, Lorenzo.

El joven pequeño y moreno sintió que los ojos se le llenaban de lágrimas. Sentía compasión y afecto hacia su amigo, pero también se concentraba en él una ira indignada.

—Voy a hacer todo lo contrario de lo que quería —añadió Jaime—. Voy a entrar al orden.

—No vas a encontrar... a nadie allí —le dijo, al fin, Juan Manuel—. No es grave... tu dolor. Otros... son los que sufren en verdad. Ceballos: un día... ya no tendrás derecho a colocarte aparte... con el pretexto de tu propia salvación. Algo... como una gran ola... te cubrirá. Te encontrarás... analizándote... desesperado... y la ola no te respetará.

—Te quiero, Lorenzo; eres mi amigo.

—Y yo a tí, Ceballos. Mira... te dejo mi dirección... en este papel... Adiós.

Juan Manuel metió el papel en el parche de la camisa de Jaime. Los amigos se abrazaron.

Mientras Juan Manuel se alejaba, Jaime se reclinó contra el muro azul del callejón. La adolescencia había terminado. Vio por última vez la silueta menuda de su amigo, antes de que diera la vuelta a la esquina, y se repitió las palabras: "Yo he venido a arrojar el fuego sobre la tierra."

Leyó el papel que Juan Manuel le había dejado. "Casa de Huéspedes. Señora Lola Villegas. Calle de la Espalda de Soto 21, cerca de la Avenida Hidalgo."

Permaneció en el callejón oscuro. ¿Qué le habría dicho Juan Manuel si se lo hubiera contado todo?

Seguramente su amigo lo comprendía sin necesidad de palabras.

"No he tenido el valor. No he podido ser lo que quería. No he podido ser un cristiano. No puedo quedarme solo con mi fracaso; no lo aguantaría; tengo que apoyarme en algo. No tengo más apoyo que esto: mis tíos, la vida que me prepararon, la vida que heredé de todos mis antepasados. Me someto al orden, para no caer en la desesperación. Perdón, Ezequiel; perdón, Adelina; perdón, Juan Manuel."

Supo entonces que sería un brillante alumno de Derecho, que pronunciaría discursos oficiales, que sería el joven mimado del Partido de la Revolución en el estado, que se recibiría con todos los honores, que las familias decentes lo pondrían de ejemplo, que se casaría con una muchacha rica, que fundaría un hogar: que viviría con la conciencia tranquila.

La buena conciencia. Aquella noche, en el callejón oscuro de Guanajuato, las palabras le atravesaron con dolor la lengua. Iba a ser un hombre justo. Pero Cristo no había venido por los justos, sino por los pecadores.

Por primera vez en su vida, rechazó la idea. Tenía que hacerse hombre, tenía que olvidar sus niñerías de ayer. Así estaba ordenado el mundo en el que vivía. Cristo quería a los justos, habitaba las buenas conciencias, pertenecía a los hombres de bien, a la gente decente, a las buenas reputaciones. ¡Que cargara el diablo con los humildes, con los pecadores, con los abandonados, con los rebeldes, con los miserables, con todos los que quedaban al margen del orden aceptado!

Caminó de regreso a la casa de los antepasados.

Había salido la luna, y Guanajuato le devolvía un reflejo violento desde las cúpulas y las rejas y los empedrados. La mansión de cantera de la familia Ceballos abría su gran zaguán verde para recibir a Jaime.

ÍNDICE

Este libro se terminó de imprimir y encuadernar en el mes de febrero de 1998 en Impresora y Encuadernadora Progreso, S. A. de C. V. (IEPSA), Calz. de San Lorenzo, 244; 09830 México, D. F. Se tiraron 5 000 ejemplares.